왜 하필 인도야

펴낸날 2019년 8월 9일

지은이 윤인철
펴낸이 주계수 | **편집책임** 이슬기 | **꾸민이** 김소은

펴낸곳 밥북 | **출판등록** 제 2014-000085 호
주소 서울시 마포구 양화로 59 화승리버스텔 303호
전화 02-6925-0370 | **팩스** 02-6925-0380
홈페이지 www.bobbook.co.kr | **이메일** bobbook@hanmail.net

© 윤인철, 2019.
ISBN 979-11-5858-570-9 (03910)

※ 이 도서의 국립중앙도서관 출판시도서목록(CIP)은 e-CIP 홈페이지(http://
www.nl.go.kr/cip)에서 이용하실 수 있습니다. (CIP 2019028415)

삶의 의미가
삶을 억압해서는
안 된다

윤인철 지음

왜
하필
인도야

밥북
B·O·O·K

왜 하필 인도야?

인도로 떠나기 전 사람들이 물었습니다.

"왜 하필 인도야?"

"글쎄?"

닮은꼴 세 명이 한 달여 동안 인도에 다녀왔습니다. 언젠가는 가야지, 꼭 가고 싶다는 계획된 의무감이 아니라 술 한 잔 기울이다 "우리 인도 한번 갈까?"라는 말에 지극히 충동적으로 결정된 여행이었습니다. 누군가는 반복되는 일상에서 잠시 벗어나기를 원했고, 누군가는 열심히 달려온 자신에게 휴식을 주길 원했고, 누군가는 소중한 이와 함께 떠나는 그 자체가 좋아서 떠났습니다. 이렇게 인도로 떠났습니다. 인도의 수도 델리에서 사막지대인 라자스탄주의 삼색 도시, 샤 자한과 타지마할의 사랑이 어려 있는 아그라의 타지마할, 갠지스강이 흐르는 힌두교의 성지 바라나시, 티베트 망명 정부가 있는 히말라야 끝자락 맥그로드 간즈까지 천변만화하는 인도를 보고 인도인을 만났습니다. 인도에는 인도가 있다고도, 없다고도 말할 수 없었습니다. 요가와 명상의 나라, 외부 자극에 동요 없이 만사를 순리로 받아들이는 평정심의 나라, 가난에 찌든 거지와 구걸이 난무하는 나라, 거짓말과 사기꾼의 나라, 여성을 향한 성범죄가 일상화된 나라, 지천에 인분과 소똥이 널린 더럽고 냄새나는 나라, 이 모든 인도가 그곳에 있었습니다. 하지만 이 중 하나를 인도라고 정의 내리면, 나머지 인도는 없어지고 맙니다. 인도는 '본다'는 것과는 어울리지 않습니다. 인도는 '경험한다'는 말이 맞을 것입니다. 인도 거리만의 특유한 풍경, 공기와 냄새, 사람들, 무질서 등을 경험하면서 속된 말로 '멍 때리는 시간'이 스멀스멀 찾아들기 시작했습니다. 그리고 그 시간 안에서 저 한편으로 밀어놓고 있었던, 의식적으로 억눌러 놓았던, 외면하고 싶었던 질문들이 날것으로 피어올랐습니다. 이렇게 심연으로부터 허기가 찾아들면 인도의 한 거리에 앉아 사랑에 대하여, 행복에 대하여, 시간에 대하여, 자유에 대하여, 교육에 대하여, 가족에 대하여, 종교에 대하여, 성장에 대하여, 인간에 대하여, 죽음에 대하여 묻고 또 물었습니다. 이 책에 내가 경험한 민낯의 인도를 풀어놓았습니다. 그리고 그 인도는 정지된 화면으로 마주한 것이 아닌 오감과 의식 전체로 온전히 경험한 살아있는 인도입니다.

인도를 다녀온 다음에도 사람들은 또 물었습니다.

"왜 하필 인도야?"

"네가 직접 가봐. 경험하지 않은 이상 그 질문에 답하기는 어려워!"

인도는 그런 곳이었습니다. 무엇을 보았다고 말하기도 어렵고, 무엇을 느꼈다고 말할 수도 없는 곳!

이 책이 조금이나마 그 대답의 실마리가 되기를 바라는 마음으로 고개 숙여 세상에 내놓습니다.

도리도리 짐짐

　뿌리도 얕게 내린 나무에 제 무게도 감당하지 못할 만큼 얼마나 많은 열매들이 주렁주렁 매달려 있는가? 남들에게 이 열매의 화려함을 보라며 허세를 부린 것이 얼마이던가? 며칠 전부터 이 허세가 나를 제자리에 서 보라며 불러 세웠다.

　"잠깐만 멈춰 보지 않을래?"

　작은 내면의 속삭임은 초대받지 않은 불청객처럼 빈번하고도 은밀히 나에게 찾아 들어왔다. 다양한 세상사에 내 이름표를 붙이고 살아가며, 그것이 곧 내 능력과 열정에 대한 대가라고, 나의 온전한 존재 의미라고 만족하며 의기양양 걸어왔다. '이 정도면 괜찮지 않느냐?'고 나르시스적 자기만족의 질문을 던졌다. 그리고 세상을 향해 '넌 나를 평가할 자격을 갖추고 있느냐?'며 건방진 팔짱을 꼈다.

　이런 내가 요즘 군더더기 없는 알몸으로 거울 앞에 서서 무언가에 대해 묻는 시간이 많아졌다. 거울을 그냥 지나쳐 버리거나 스스로에게 질문하지 않으면 다시 어제와 똑같은 일상으로 돌아와 그동안 그랬던 것처럼 살 수 있다. 하지만 요즘 그 거울 앞에서 쉽사리 발이 떼어지지 않았다. 이상한 것은 거울을 보고 있으면, 나의 오만을 들추어내는 자성(自省)의 감정뿐만 아니라 정체 모를 다양한 감정들 또한 교차된다는 것이었다. 특별한 감정들은 아니었다. 마냥 가만히 지켜보고 있는 것만으

로 찾아드는 적막한 감정의 편린들이었다. 외롭나? 근심이 있나? 아픈
가? 하루에도 수많은 감정이 교차하면서 '나'는 '내'가 되기도 하고 '나'
아닌 '남'이 되기도 하고, 관찰자가 되기도 하고, 주인공이 되기도 했다.
이 특별한 알맹이 없는 무제(無題)의 감정들이 나를 홀리고 또 홀렸다.

　나이가 들면 '정답'을 알 것만 같았다. 혼란과 갈등, 아픔, 이런 것들
은 벗어나야만 하는 삶의 장애물로만 여겼다. 하지만 내 기대와는 달
리 나이가 들어갈수록 더욱더 어두컴컴한 미궁으로 빠져들어만 간다.
정말 모르겠고, 어렵고, 혼란스럽고, 당황스럽다. 벗으려고 했던 것들이
지금의 나를 만들었고, 마이너스라고 여겼던 것들이 플러스라는 것도
깨달았다. 버릴 것이 하나도 없는 삶이다.
　나이가 들며 어린 친구들이 물어본다.
　"어떻게 해야 하죠?"
　"몰라! 당신의 고민에 무관심해서 하는 말이 아니라 정말 뭐라고 얘기
해야 할지 모르겠어. 나도 지금 허우적대고 있거든. 당신들 앞에 폼 잡
고 있는 거거든. 딸랑 몇 줄 안 되는 타인의 책 구절을 내 것인 양 인용
하며, 당신보다 더 힘들어하고 방황하며 현명한 선택을 해 본 적도 없으
면서, 내 삶 하나 온전히 감당하지도 못하면서, 나와 다른 누군가를 있
는 그대로 포용하지도 못하면서, 나의 삶이 아니라 타인의 삶을 살아가
는 주제에 말이야. 도무지 무슨 말을 꺼내야 할지 모르겠어. 이게 내가
말 못하는 이유야."

나이 오십 이전의 나는 정말로 한 마리의 개에 불과했다. 앞의 개가 그림자를 보고 짖으면 나도 따라서 짖어댔던 것이다. 만약 남들이 짖는 까닭을 물으면 그저 벙어리처럼 쑥스럽게 웃기나 할 따름이었다.

_이지, 『속분서(續焚書)』

남의 이야기를, 남의 삶을, 남의 아픔을 마치 내 것인 양 흉내 내며 개처럼 살다가 헤벌쭉 웃어주면 그만이었다.

나의 작은 뱃구레에 기어드는 헛헛한 마음이 '좋다'고 이름 붙여진 것을 채우고 또 채우게 했고, 이를 바라보는 타인의 시선이 나의 고개를 들게도 떨구게도 했다. 그렇게 시소처럼 왔다 갔다 하며 나와 타인으로부터 인정받을 수 있는 좋은 것들만 선별해 움켜쥐었다. 그리고 모든 것을 다 아는 양, 다 품는 양 세상을 관조하는 페르소나를 쓴 채 자기도취에 빠졌다. 있는 그대로의 맨얼굴은 숨기고 말이다.

"인철아, 인철이 형, 인철 씨, 인철 쌤, 그 손 좀 줘 봐."

"그래! 내가 항상 기다려온 말이지. 자, 내 손 안에 있는 것을 한번 보라고. 대단하지 않아? 나 이런 사람이야. 이렇게 열심히 살아왔어. 만약 네가 나와 함께 한다면 내가 쥐고 있는 이 값진 것을 나눌 수 있는 행운을 잡을 것이고, 나를 너의 잣대로 함부로 평가하거나 나를 받아들이지 않는다면 넌 나와 함께 할 수 있는 좋은 기회를 놓치게 되는 거라고. 어때?"

"아니 그 움켜쥔 손 말고, 비어 있는 손 좀 보여줘 봐."

"비어 있는 손? 거기엔 아무것도 없는데? 너에게 보여줄 게 없어."

왜 하필 인도야

"그럼 그 손은 무얼 하는 것인데?"

"음, 글쎄. 사람을 만나 악수하고 다가갈 때? 슬픔에 흐르는 눈물을 닦을 때? 누군가를 어루만져 줄 때? 이럴 때 쓰이겠지."

"근데 왜 너는 꼭 쥐고 있는 손만 내밀고 그 속에 있는 것만을 보여주려고 해? 나는 너의 그 비어 있는 손이 필요한데."

빈손? 어떤 것도 쥐여 있지 않은 빈손을 바라보았다. 꽉 쥐고 있는 손도 내 것이요, 비어 있는 손도 내 것이다. 쥐고 있는 것을 놓지 못하고 꼭 움켜쥔 채, 다른 손도 빨리 좋은 것을 잡으려고만 했다. 채워진 것은 선이자 치열한 삶의 증거이고, 비어 있는 것은 악이자 나태한 삶의 결과라고 생각했다. 다시 빈손을 보게 된다. 친구는 내 쥔 손이 아니라 빈손이 필요하다고 했다.

더없이 순수한 아기에게 다가가 말한다.

"도리도리~ 쫌쫌!"

아이에게 맑은 웃음을 선물해 주는 이 말 속에 삶의 큰 가르침이 있다는 걸 왜 몰랐을까?

도리도리~ 이것만이 정답이라고 뻣뻣하게 고개 들고 있지 말고 흔들어보자. 아니야. 아니야. 아닐 수도 있어. 도리도리하다 보면 언젠가는 까꿍 하겠지? 하지만 까꿍 했다고 도리도리를 멈추어서는 안 된다.

쫌쫌~ 쥐었다 폈다. 쥔 것을 놓고, 다시 쥐었다가 놓고. 아가야, 너는 쫌쫌 하며 살아야 한다. 흐르는 물이 맑듯이 그 어느 것도 영원한 것으로 여겨 쥐고 있으면 안 된다. 쥐었다가 다시 풀어 놓아야 한다. 비어 있어야만 쥠쥠 할 수 있을 것이다. 아마 다시 그것을 쥔다고 할지라도 이전에 쥐고 있는 것과는 다른 것을 쥐게 될 거야.

나는 도리도리 쥠쥠 하며 살고 있는가? 아니 살 수 있을까? 자신이 없다. 세상에 맞추어왔던 세월만큼 고개가 너무 곧추서 버렸거든. 손에 쥐고 있는 것이 이미 굳어져 버렸거든. 이미 나의 일부가 되었거든. 다시 처음을 생각하며 도리도리 쥠쥠 하던 어린 시절을 떠올려본다. 너라고 생각하는 것을 한 손에는 쥐고, 다른 한 손만이라도 쥠쥠 하는 건 어때? 빈 손바닥 하나만이라도 내버려둘 수 있는 자존감을 가져보자.

특별히 반성하고 성찰하는 삶을 살자고는 생각하지 말자. 삶의 잣대를 정해 놓고 '그렇게 살지 못하는' 나를 반성하는 종교적 경건함, 도덕적 성찰의 삶을 살자는 의도는 아니다. 삶의 의미가 삶을 억압해서는 안 된다. 그런 삶은 나에게 죄책감과 체념으로 돌아올 뿐이다.

인도로 떠나는 난 의미가 아니라 자유를 갈망하고 있다. 있는 그대로의 욕망, 불나방처럼 모였다 흐트러지는 의식의 흐름과 춤추며 시간을 노닐자. 다시 거울 앞에 선다. 더없이 평화로운 미소가 지긋이 얼굴에 그려진다면 그것만으로 난 이 하루를 사랑할 것이다. 나는 인도에 가서 열심히 도리도리 쥠쥠을 할 것이다.

인도로 떠나기 며칠 전 어느 깊은 밤에

맥그로드 간즈

티베트 망명 정부가 있는 히말라야 중턱의 마을로, 원숭이를 가이드 삼아 호젓한 설산 트레킹을 할 수 있다. '여기까지 오느라 수고했다'며 반겨주는 설산의 넉넉한 품에 안기는 순간 울컥 눈물이 쏟아진다.

자이살메르

땅에서 건물까지 사방천지가 모래빛깔인 골든 시티! 낙타 위에 올라 사막을 거닐다보면 불현듯 유목민이 되어 떠도는 자신을 만나게 된다.

암리차르

황금사원으로 유명한 시크교의 성지이다. 거리마다 덥수룩한 수염과 머리에 터번을 쓴 사람들로 가득하다. 시크교의 영적 스승인 구루의 은혜로 공짜밥을 맘껏 먹을 수 있는 곳이다.

Travel Map

델리

인도 여행의 거점인 델리는 신도심인 뉴델리와 구도심인 올드델리로 구분된다. 필히 올드델리의 찬드니 촉 거리에 가야만 상상 속 인도를 만날 수 있다.

아그라

샤 자한이 아내 뭄타즈 마할을 위해 건설한 사후 궁전, 타지마할! 진짜 타지마할을 보려면 왕의 눈물만이 아니라 건물을 지으며 죽어간 민초의 눈물까지 닦아주어야 한다.

ARABIAN SEA
아라비아해

BAY of BENGAL
뱅골만

조드푸르

사막지대인 라자스탄주로 들어가는 관문이다. 메헤랑가르성 위에서 파랗게 물든 도시를 조망하는 순간, 사막 바람에 실려 저멀리 날아간다.

우다이푸르

인도 최고의 신혼 여행지이자, 피촐라 호수를 하얀 도시가 감아 돌고 있는 화이트 시티! 호반에 앉아 소처럼 멍 때리고 있으면 그것으로 여행 끝!

바라나시

힌두의 어머니 갠지스강이 흐르는 초연한 도시! 산 자는 죄를 씻고 죽은 자는 화장터에서 재가 되어 윤회의 사슬을 끊어내는 곳! 삶과 죽음이 공존하는 이곳에선 시간도, 계획도, 생각도 모두 사라진다.

카주라호

남녀교합상인 미투나상으로 발길을 끄는 껄떡도시! 하지만 실제 도시에서 껄떡이는 것은 너도나도 황당한 가이드 비용을 청구하는 현지인들이다.

CONTENTS

델리
DELHI

천방지축 어디로 튈지 모르는 철없는 남편을 언제나 토닥토닥 품어주는 아내 미현과 세상 손 타지 않은 맑은 샘처럼 더없이 투명해 눈물까지 흐르게 하는 아들 지민이와 지원이, 당신의 남편이어서 아빠여서 감사하다. 인도뿐만 아니라 이 생(生) 전체 여정을 동행할 병오 형과 장호, 당신의 친구여서 감사하다. 흠 많은 원고를 애정으로 읽어준 다혜와 필현이가 있어 감사하다. 소중한 이들의 사랑을 오롯이 마음에 담는다. 이 감사함을 언제 다 갚을꼬?

DELHI

델리

파하르간지 Paharganj

생명 없는 질서보다 생명 있는 무질서를 사랑한다

비행기는 예정된 시간에 정확히 델리의 인드라 간디 공항에 도착하였다. 늦은 시간 때문인지 인적도 없는 한산한 분위기에, 입국 심사도 아주 간소하게 이루어졌다. 수속을 밟고 나오는데, 의자에 앉아 있던 직원이 내가 걸을 때마다 딸랑딸랑 소리를 내는 스테인리스 미니 컵을 만지며 이게 뭐냐고 물었다. 한국 사찰의 맑은 풍경 소리처럼 컵의 은은한 울림이 잠들기 시작하는 공항의 조용한 자장가가 되어 주었다.

짐을 찾기 위해 기다리면서 홀로 배낭여행을 온 대학생부터 나이 지긋한 중년 부부까지 인도를 찾은 다양한 한국인을 보았다. 우리 바로 옆에는 불교 성지 순례를 온 듯 단체 여행객이 먹을 것에서부터 생필품까지 많은 짐을 한가득 싸서 왔다. 네팔 카트만두 공항에 비해 인드라 간디 공항은 꽤 깔끔한 현대식 시설로 되어 있었다. 다만 군복을 입은 군인들이 실탄이 든 총을 들고 입구를 지키고 있는 것만은 같은 모습이었다. 왠지 네팔, 인도에서 군인을 보면 크게 죄 진 것도 없는데 옷매무새를 단정하게 만지고 용모를 정돈하게 된다. 궁궐 앞의 해태처럼 그는 매서운 눈으로 '인도에 들어오려면 몸과 마음을 정제해야 합니다'라고 명령하는 듯했다.

이곳에 오기 며칠 전 예약해 놓은 숙소에 부랴부랴 픽업 서비스를 신청해 놓았다. 늦은 시간 공항에서 도심으로 이동하는 교통편도 마땅치 않을뿐더러 인도의 밤에 대한 지인들의 신신당부가 있었기 때문이다. 게이트 앞에서 우리 이름이 적힌 푯말을 찾았다. 멀쑥하게 키 큰 인도 젊은이가 우리를 무덤덤하게 반겼다. 좀 웃어라도 주면 인도의 첫인상이 참 좋을 텐데, 그냥 기계적인 일상인 듯 밋밋한 인사를 나누고 그를 따라나섰다. 공항을 나가자마자, 그는 우리를 그림자 취급하며 말 한마디 없이 잰걸음으로 차가 주차된 곳까지 걷기 시작했다. 마치 새벽 용역 회사의 봉고차를 타러 끌려가는 일용직 인력이 된 것 같은 기분이었다. 목적지가 어디인지도 모르는 우리는 낯선 분위기, 풍경, 냄새, 사람 등 온갖 낯섦에 움츠러들었다. 게다가 밤이라서 그런지 주변에는 온통 차갑게 식어버린 회색 건물만 보이고, 살아있음을 증거하는 형형색색의 컬러는 보이지 않았다. 인류의 암울한 미래를 그린 영화 속 무채색의 도시 같다고 할까?

지하주차장에 주차된 그의 차에 커다란 배낭 세 개를 싣고 여행자들이 여행 거점으로 많이 체류하는 파하르간지로 출발하였다. 감기에 걸린 양 쿨럭대는 차가 처음부터 불안해 보였는데, 아니나 다를까 검문소에서 검표를 하자마자 시동이 꺼져버렸다. 경직된 정적 속에서 드르륵 드르륵 겉도는 거친 자동차 열쇠 소리가 모종의 두려움을 불러일으켰다. 족히 20년은 넘어 보이는 고물차는 늙은 소처럼 힘들게 시동이 걸리더니, 조마조마하게 도로를 달리기 시작했다. 역시 차선과 신호등은 아무 쓸모 없는 장식품이었다. 이럴 때면 장자의 말이 생각난다. '생명 없는 질서보다 생명 있는 무질서를 사랑한다.'

파하르간지에 도착하자, 차는 숙소 골목 입구 앞에서 멈췄다. 말 한 마디 없이 무뚝뚝하던 픽업 젊은이가 드디어 입을 열었다.

"Please give me tip."(팁 좀 주세요.)

"이제 막 인도에 도착해 루피가 없는데, 어떡하죠?"

인도 화폐인 루피도 없고 작은 단위의 달러도 없다고, 어떻게 하는 것이 좋겠냐고 말을 건네도, 그는 거리의 어둠에 시선을 고정한 채 요지부동이었다. 그렇게 어색한 시간이 흐르고 있었다. 인도 젊은이는 우리의 말에 아랑곳하지 않고 운전석에서 꿈쩍도 하지 않았다. 다행히 병오형이 가방 호주머니에서 미리 환전해 온 돈을 가까스로 찾아 그에게 건네주었다. 그는 별 감흥도 없는 표정으로 팁을 챙겨 넣고 어둠 속으로 유유히 사라졌다. 그의 침묵은 요가와 명상으로 다져진 평정심의 증거인가? 그에게 준 우리의 팁은 인도에 오기 전부터 이미 결정되어 있는 인연의 결과물인가? 환상처럼 덧씌워있는 인도에 대한 선입견이 사소한 것에까지 의미를 부여하기 시작했다.

묵직한 배낭을 메고 숙소가 있는 어두컴컴한 골목으로 들어섰다. 숙소는 음산한 기운이 도는 골목 끝에 자리 잡고 있었다. 직원은 1층 후미진 곳에 있는 방으로 우릴 안내하였다. 창문도 없고 침대 두 개와 방바닥에 엑스트라 베드 하나가 놓여 있는 비좁은 방이었다. 인도 백치인 우리가 아는 게 무엇이겠는가? 이 늦은 밤에 잠잘 곳이 있다는 것만으로 감사할 수밖에….

"OK, No problem!"

긴 비행에 지친 우리들은 가볍게 술 한 잔 걸치며 인도의 첫날밤을 맞이했다. 새색시처럼 분홍색 내복을 입고 온 장호가 흥을 돋워 주었다.

인도에 세 사람이 왔다. 한 사람은 같은 학교에 근무하고 있는 형님이고, 한 사람은 20여 년 청춘을 붙어 다닌 후배이다. 병오 형은 자신이 태어난 고향으로의 귀농을 꿈꾸고, 후배인 장호는 순수했던 마음의 고향으로 되돌아가는 꿈을 꾸고 있다. 병오 형은 작지만 다부진 사람이고, 장호는 크고 물렁한 사람이다. 이렇게 다른 우리 셋이 함께 떠날 수 있었던 것은 모두 사랑을 꿈꾸는 사랑꾼이기 때문이다. 사랑에 허기진 우리는 더 사랑하기 위해 이곳으로 왔다.

어느 하루 자갈이 길게 깔린 바닷가에 혼자 앉아서 시간을 보낸 적이 있는 신영복 교수는 둥글고 윤이 나는 아름다운 자갈의 탄생 과정을 이렇게 설명했다.

"파도가 밀려오면서 그 해변에 있던 자갈들을 들었다 놓는 거예요.
그러면 자갈들은 자기들끼리 이리저리 부딪히면서 다시 가라앉아요.

또다시 파도가 밀려오면 다시 잠시 파도에 들어 올려졌다가 자기들끼리 몸을 부대끼면서 또 가라앉습니다. '서로 부대끼면서 저렇게 아름다운 자갈들이 되는 거구나!' 하는 생각을 했습니다."

모난 돌들! 삶의 애환도, 살아온 환경도, 바라보는 이상도, 모양도, 색깔도 다른 모난 돌들이 모여 서로 부대끼며 산다. 제각각 돌들은 '나'라는 정체성을, 나의 세계를 지켜내느라 날카롭게 날이 선 채 서로의 몸에 생채기를 내고 부딪치며 서로를 외면하기도 한다. 아무리 아파도 너를 떠나 내가 살 수 없는 운명을 짊어진 그들은 그렇게 상처를 주고받으며 한세상 굴러다닌다.

우린 일상 속에서 모난 돌들, 날카롭게 날이 선 돌들을 많이 만난다. 따지고 보면 우린 모두 모난 돌들이다. 하지만 모난 돌들은 거친 파도를 맞기도 하고 잔잔하게 보듬어주는 바다의 품에 안기기도 하며 조금씩 동글동글해진다. 그리고 옆에 있는 돌들에게 상처 대신 부드러운 위안을 줄 수 있는 고운 결을 갖게 된다. 이렇게 서로는 몸을 비비며 함께 뒹군다. 이제 돌들은 부딪힐 때마다 상처가 아닌 맑고 아름다운 선율을 만들며 바다와 함께 연주를 시작한다. 세상을 대함에도 동글동글해진다. 여유가 찾아오고 작은 일에도 설렘이 젖어드는 시간이 잦아진다. 우리 세 사람, 동글동글 여행하고 동글동글 돌아가기를 소망한다.

DELHI

델리

꾸뜹 미나르 Qutab Minar | 인디아 게이트 India Gate |
코넛 플레이스 Connaught Place

화이부동(和而不同)의 만남

자명종이나 빛의 도움 없이 어두컴컴한 방에서 일찍 눈이 떠졌다. 두세 평 남짓한 좁은 방에 어리벙벙한 모습으로 누워있는 세 남자와 어지럽게 풀어 헤쳐진 배낭들을 보며, 이곳이 인도라는 것을 실감했다. 드디어 여행의 시작이다. 우리는 대충 씻은 후 밖으로 나왔다. 안개인지 미세먼지인지 알 수 없는 델리의 뿌연 거리에는 을씨년스러운 풍경만이 가득했다. 아침 식사를 하려는 식당이 9시 반에 문을 연다고 하여 파하르간지 주변을 배회하였다.

도로를 따라 쭉 걷던 중, 사람들과 차, 릭샤들이 한데 뒤엉켜 번잡하게 움직이고 있는 곳에 도착하였다. 바로 뉴델리역 앞이었다. 뉴델리역으로 가기 위해 도로를 건너려는데, 당최 갈 수가 없었다. 온갖 차들과 릭샤들이 길을 건너는 행인을 무시한 채 쏜살같이 달리고 있었기 때문이다. 이곳에는 우리를 역까지 안전하게 건너게 해줄 신호도, 질서도, 배려도, 눈치도 없었다. '에라, 모르겠다.' 나와 병오 형은 무턱대고 길을 건넜건만, 장호는 도로에 발 하나 내딛지 못해 안달이 났다.

파하르간지에서 뉴델리역 가는 길이 뿌옇다.
인도에 온 우리의 마음도 낯가림에 뿌옇다.

"형, 이 도로를 어떻게 건너?"

역시 이곳은 인도였다.

우리는 한적한 파하르간지 골목골목을 소요하다 길을 잃고 다시 제자리로 돌아왔다. 아직 우리에게는 계획도, 나침반도, 내비게이션도 없는 상태이기에 모든 것이 혼돈이었다. 시간을 확인하고 식당으로 발길을 돌렸다. 건물 옥상에 위치한 한식당에는 벌써 몇몇 한국인들이 모여 식사를 하고 있었다. 그곳에서 세 명의 젊은 대학생을 만났다. 그중 두 명은 필리핀 어학연수에서 만난 인연으로 함께 인도 여행을 온 학생이었다. 우린 젊은 친구들과 오래 만난 사이처럼 이곳에 왜 왔는지 속내도 보여주고, 서로가 알고 있는 깨알 여행 정보도 교환하며 즐거운 시간을 보냈다.

배낭여행에서 좋은 것은 낯선 사람을 만나도 전혀 낯설지가 않다는 것이다. 하지만 간혹 일상에서 사람들을 처음 만나는 순간, 약간의 불편함을 느낄 때가 있다. 만남의 특별한 목적 없이 '안녕하세요', '반갑습니다', '와~ 멋진데요' 하며 관계의 첫 인연에 손을 내밀면, 불편한 시선으로 돋보기를 들이대며 위아래로 분석을 시작하는 사람들을 맞닥뜨릴 때가 있기 때문이다. 나의 영역 안에 포함될 수 있는 사람과 그렇지 못한 사람을 구분하고 만남의 질을 결정하는 것이다. 그때마다 나는 '그냥 사람이 사람을 만나는 것인데, 있는 모습 그대로 만나고 수용할 수는 없을까?'라고 생각하게 된다. 나와의 '같음'을 만남의 기준으로 고착화할 필요가 있을까? 물론 모든 만남이 의미 있는 만남으로 발전할 수는 없을 것이다. 단지 새로운 만남에 대해 인간적인 예의를 지키고 존중하는 것만으로도 소중한 인연의 첫 디딤돌이 놓이게 될 것이다.

나와 '다른' 사람들을 만나며 우리는 달라지는 나를 볼 수 있다. 그리고 그런 만남은 '나(I)'와 '그것(It)'이 아니라 '나(I)'와 '너(You)', '우리'라는 관계로 발전하게 된다. 화이부동(和而不同)! 나는 당신들과 조화롭게 어울려도 나의 정체성을 잃지 않는다. 나와 당신은 똑같아질 수도 없고, 똑같아질 필요도 없고, 똑같아져서도 안 된다. 우리가 같은 곳을 바라보는 것은 '나와 너', '우리'라는 관계의 뿌리가 될 것이고, 나와 당신의 '다름', 즉 다른 시선과 사고방식, 일상은 우리의 발전적인 만남을 위한 밑거름이 될 것이다. 다름을 견디지 못하면 성장도 없다. 다름이 두려운 것은 그로 인해 내 지금 세계가 붕괴될까 두렵기 때문이다. 솔직히 다름은 불편하다. 하지만 불편한 것이 악은 아니다. 우리에겐 다름이 있기에 어제와 다른 내일을 꿈꿀 수 있는 것이다. 같음은 공유하고 다름은 존중하는 만남은 어떨까?

식사 후 델리 시내 지도를 탁자 위에 펼쳐 놓고 여행 일정을 잡기 시작했다. 내일 밤 올드델리역에서 인도 중서부지역인 라자스탄주 조드푸르로 출발하는 밤 기차를 예약했기 때문에, 이틀간 델리 여행을 할 시간적 여유가 있었다. 젊은 날, 처음으로 배낭여행을 떠날 때는 한국에서 전체 일정을 세밀하게 잡아 놓았는데, 이제는 그런 수고를 하지 않는다. 고정된 스케줄 없이 그날그날 일정을 상황에 맞추어 잡아가는 것 또한 배낭여행의 한 즐거움이기 때문이다. 우리는 오늘 델리 남쪽으로 내려가 유네스코 세계문화유산인 꾸뜹 미나르를 보고, 전공(戰功) 기념문인 인디아 게이트와 현대식 번화가인 코넛 플레이스까지 돌기로 하였다.

이슬람이 힌두를 집어삼키다

카메라 등 시내 여행에 필요한 간단한 준비물만 챙겨 매트로 아쉬람역으로 향했다. 정오가 되면서 파하르간지 거리는 노점상과 사람들로 북적였다. 이곳이 외국 배낭여행객의 중심지인 만큼 각양각색의 외국인들이 눈에 띄었다. 시장의 좁은 도로에 릭샤, 오토바이까지 다니다 보니 사람들은 쫓기고 튕겨 나가야만 하는 신세를 면치 못했다.

매트로 역 앞은 손님을 기다리는 사이클 릭샤 왈라(꾼, 육체노동을 하는 하층민을 하대하는 호칭)와 걸인들이 차지하고 있었다. 심각한 교통 체증에 시달렸던 인도의 수도 델리는 몇 년 전 개통한 지하철 덕분에 그 문제를 일거에 해결했다. 매표소 앞에는 표를 사기 위한 줄이 길게 늘어서 있었는데, 한쪽 벽에 자동발매기가 보였다. 자동발매기로 가던 중 지하철 구석에 철조망이 쳐져 있어 그 안을 유심히 보니, 한 군인이 행인들을 향해 소총을 겨누고 있었다. 우린 흐릿한 눈빛, 작은 몸짓 하나에 잠재적 범죄를 일으킬 수상한 자들로 오해받을까 두려워, 시선을 바닥으로 내리고 정숙한 모습으로 사뿐사뿐 발걸음을 내디뎠다. 그뿐만 아니라 지하철 개찰구 앞에 있는 검색대에서도 정복을 입은 군인들이 이용객들의 소지품을 일일이 검사하고 있었다. 인도에서는 공항도, 지하철도 군사시설이란다. 아마도 파키스탄과의 분쟁, 힌두교와 이슬람교의 분쟁 탓에 간혹 일어나는 테러를 대비하기 위한 차원일 것이다. 매표에서 개찰까지 지하철 타기가 꽤 번거로웠다. 플랫폼에 들어오는 인도 지하철은 최신식이었다. 지하철을 타고 가며 창문 밖으로 보이는 가난한 풍경과 내가 서 있는 지하철 내부의 풍경이 흑과 백인 양 대비되었다.

꾸뜹 미나르에 가기 위해 길거리에 서 있는 오토 릭샤를 처음으로 잡아탔다. 오토 릭샤는 도로를 공원 삼아 나다니는 장난감 같아, 마치 유원지에서 범퍼카를 타는 기분처럼 우리를 동심(童心)으로 돌아가게 해주었다. 인도 외곽이어서 그런지 도로 위의 차들도 별로 보이지 않았다. 우리는 아주 여유롭고 안락하게 꾸뜹 미나르에 도착했다. 꾸뜹 미나르는 세계문화유산으로 지정되어 있기에 입장료가 상당히 비쌌다. 매표소에서 표를 끊고 잔돈을 받아 뒤돌아서려는데, 병오 형이 버럭 하며 "야, 돈 좀 확인해 봐!"라고 하였다. 돈을 세어보니, 우리가 받아야 할 돈보다 한참 적은 액수였다. 창구의 작은 구멍으로 "저기요, 100루피!" 하니, 그제야 옆에 있던 100루피를 내밀었다. 인도 공무원들은 이렇게 딴 주머니를 차는 건가? 외국 여행객이 큰 단위의 돈을 내면 잔돈을 주면서 금액의 일부분을 빼돌리는 수법이었다. 아무것도 모르는 외국인은 공무원이 건네는 표와 잔돈을 의심 없이 받아갈 것이고, 공무원은 '걸렸구나' 하면서 빼돌린 돈을 다른 서랍에 챙길 것이다. 하지만 이런 인도를 보는 것이 그리 나쁘지만은 않았다.

우리나라 사람들에게 인도는 요가와 명상, 힌두의 신비스런 나라로 이미지화되어 있다. 사람들은 욕심이 없고 모든 것을 신의 섭리로 받아들여 만족할 줄 아는 지족(知足)의 삶을 살아간다. 이 세상에서 일어나는 잡다한 일에 화를 내봤자 당신만 손해이다. 일어나는 모든 사건은 이미 마땅한 이유가 정해져 있는 것이니, 그냥 순응하면 된다. 물질이 아니라 영혼의 삶을 사는 인도 사람들! 작은 이해타산이나 사사로운 일에 집착하지 않고 마음의 평정심을 지향하는 수행자의 나라! 하지만 나는 그런 인도를 보기 위해 이곳에 온 것은 아니었다. 그리고 그것이 인도의 전부가 아니라는 것도 잘 알고 있었다. 인도 관련 책에서 말하는 탈속(脫俗)의 신성한 인도는 인도의 작은 조각일 뿐이다. 오늘 매표소에서 만난 공무원도 인도인이고, 이 상황 또한 인도인 것이다. 어떤 이는 인도를 내면의 평화를 주는 명상의 나라라고 하고, 어떤 이는 사기꾼의 나라라고 한다. 둘 다 인도이다. 나는 민낯 그대로의 인도를 보고 싶어서 왔다. 내가 좋든, 나쁘든 인도는 항상 인도인 것이다. 그렇지만

문화의 특수성을 다양성의 관점에서 이해한다 하더라도 사사로운 욕심으로 잔돈을 떼먹는 인도인은 나쁜 사람임이 분명하다.

  꾸뜹 미나르(Qutub Minar)는 '꾸뜹이 세운 탑'이라는 뜻이다. 12세기 말 인도 최초의 이슬람 왕조 술탄인 꾸뜹 우드딘 에이백(Qutab ud din Aybak)이 델리의 마지막 힌두 왕국의 정복을 기념하여 세운 거대한 승전탑이다. 높이는 장장 72.5m에 달하는 5층 탑으로, 1층은 힌두 양식, 2층과 3층은 이슬람 양식으로 지어져 있다. 힌두와 이슬람이 한 탑 안에 공존하는 것이다. 탑 중앙에는 이슬람 경전인 코란의 글귀가 새겨져 있었다. 슬픈 것은 꾸뜹 미나르 유적군 대부분의 건물이 힌두교 사원을 파괴하면서 나온 자재로 건설한 이슬람 사원이라는 것이다. 무슬림이 힌두를 집어삼킨 것이다. 이슬람과 힌두, 무엇이 옳고 그르냐의 문제는 아니다. 단지 종교, 이념 등 위대하고 경건한 가치라는 미명 아래 벌어지는 착취와 파괴, 조롱이 아프게 다가왔다.

우리의 역사에도 이 같은 일이 있지 않았던가? 일본이 우리나라를 강점하며 궁궐을 부수고 그 자리에 조선총독부를 세운 것이나 궁궐 앞의 바닥 석돌을 모두 빼 버리고 일본인이 좋아하는 잔디를 깔아 놓은 것을 보라. 어떤 이는 예전 궁궐에 깔린 잔디가 무지 예뻤다고 추억하지만 우리나라에서 잔디는 무덤에나 심는 것이었다. 심지어 궁전인 창경궁을 유원지인 창경원으로 만든 것을 어떻게 봐야 하겠는가? 조선의 왕이 있던 자리를 동물들이 대신한 것이다. 조선의 궁이 일제에 의해 동물의 왕국으로 변했다. 땅을 지배한 후에는 문화를 지배한다. 문화를 통해 그들의 정체성을 말살하고 의식까지 조작하려는 것이다.

꾸뜹 미나르와 대칭으로 미완성 탑이 하나 있었으니, 이는 알라이 미나르(Alai Minar)이다. 꾸뜹 미나르 이름과 동일하게 델리의 5대 이슬람 왕조의 술탄인 알라 웃 딘 힐지의 이름을 딴 '알라가 세운 탑'이라는 의미이다. 건축

| 미완의 꿈, 미완의 탑, 알라이 미나르!

당시에는 꾸뜹 미나르의 2배 높이로 계획되었으나, 술탄 알라 웃 딘 힐지가 사망한 후 약 24.5m 높이의 기단부 1층 위로는 미완성의 방치된 상태 그대로였다.

솔직히 나는 여행을 다니며 각 문화권의 유적들에는 별다른 관심이 가질 않았다. 유적지를 방문하기 전 유적의 역사를 공부하고 건축물에 담긴 사연들을 조사하지만 아주 흥분되고 설레는 작업은 아니었다. 나의 관심사는 건축물이 뿜어내는 유형의 힘이 아니라 역사의 주인공이었던 사람들에게 있었기 때문이다. 힌두를 정복한 무슬림들! 무슬림의 강요로 자신의 사원을 부수고 이교도의 사원을 건설해야만 했던 힌두교도들! 나폴레옹의 승전기념물인 파리의 개선문을 보았을 때도, '짐이 곧 국가'라고 선언한 태양왕 루이 14세가 자신의 힘을 과시하기 위해 건설한 베르사유 궁전을 보았을 때도 똑같은 마음이었다. 건축물의 웅장함과 정교함보다 이를 만들기 위해 동원된 누군가의 눈물과 고통, 이별이 먼저 내 의식에 떠올랐기 때문이다. 어떤 정치도, 이념도 인간을 희생시켜서는 안 된다. 인간을 눈먼 장님, 귀머거리로 만들어 놓고 그들을 길들이는 것은 권력욕을 향한 욕망의 현현(顯現)일 뿐이다. 그때나 지금이나 숱한 정치가들이 인간을 위한 정치를 한다고 선전하고 있지만, 수많은 사상가는 이미 낱낱이 그 실체를 공개하지 않았던가? 위대한 정치가는 국가의 '바람직한(?)' 목표 실현을 위해 우매한 민중을 길들여야 하고, 결코 그들을 사랑하되 믿어서는 안 된다는 것을 말이다. 인간과 자연, 그리고 인간의 무리에서 태생하는 권력의 그림자가 길고도 깊을 뿐이다.

사람의 생각은 밖에서 힘을 휘두르는 이념들에 사로잡혀 포로가 되고 사정이 바뀌면 금방 그곳을 벗어 나온다. 그러한 체제하에 살지 않아도 우리의 생각은 쉽게 이데올로기적 사고에 강제 수용된다. 사람의 마음이 얼마나 외부적인 영향에 약한가는 시대적으로 유행하는 말들을 보아도 알 수 있다. 그것 나름대로의 의미는 있겠지만 유행 속에 등장하고 소멸하는 많은 말들은 쉽게 정치적 인간의 조종수단이 된다.

_김우창, 『깊은 마음의 생태학』

주말, 사원으로 나들이 나온 델리 시민들이
소담스럽게 담소를 나누고 있다.

인간의 힘이다. 그래, 저 것은 오로지 인간의 힘이다. 이슬람 건축 양식과 힌두교 건축 양식이 한데 어우러진 융합의 건축물 뒤로 힌두의 눈물과 통곡 소리 또한 함께 들렸다. 아마 샤 자한과 그의 아내 뭄타즈 마할의 러브스토리가 담긴 타지마할을 보더라도, 그 건물을 올린 민초들의 눈물을 먼저 보게 될 것이다. 그나마 국가가 주입한 종교적 신성함, 왕에 대한 충정심을 안은 채 고통의 짐을 감수했다면 다행일 것이다. 믿음은 의(義)를 행한다는 자족(自足)의 선물을 안겨 준다. 더 큰 가치를 위해 작은 가치를 희생하는 것이 의로움이다. 임금 앞에서 너의 가족에 대한 사사로운 집착은 불의한 것이고 불충한 마음이다.

왜 하필 인도야

대의를 위해 죽어라. 그렇게 계백은 자신의 가족을 베었다. 그리고 그는 역사에 남는 충의의 상징이 되었다. 국가 앞에서 개인의 희생은 영예이다. 역사는 증명한다. 그들의 희생이 있었기에 후손들의 삶이 이렇게 온전히 계승되고 보존될 수 있다는 것을. 하지만….

하지만 국가가 이를 강요해서는 안 된다. 정치가가 국민에게 역사를 배우라며 국가에 대한 희생을 강요해서는 안 된다. 그것은 전체주의적 발상으로 발전하고, 한 개인의 존엄성은 오직 국가 안에서만 인정받을 수 있다고 규정한다. 도대체 국가란 무엇인가? 국가여, 누구에 의해 누구를 위해 존재하는가? 국가의 존재 의미에 대한 질문만으로도 불손하다 여길 시대이다. 의(義)로 똘똘 뭉쳐야 하는 안보의 시대이다. 안보는 국민의 생명을 위한 것이거늘, 요즘의 안보는 정치인의 권력 유지를 위한 방편으로 쓰이곤 한다. 불타오르는 애국심을 가진 시민이여, 그대는 국가의 의미가 무엇이라고 생각하는가? 도대체 무엇을 위한 의(義)인가?

내 수염은 죄가 없다네

인디아 게이트(India Gate)로 가기 위해 지하철을 타고 센트럴 시크리테리엇역에 도착했다. 지하철역에서 인디아 게이트까지 직선으로 기다랗게 깔린 거리인 라지 파트(Raj Path)는 흡사 파리 개선문 앞의 샹젤리제 거리와 닮아 있었다. 그리고 거리 맨 끝에는 제1차 세계대전 때 영국을 위해 싸우다 죽은 인도 병사의 넋을 기리기 위해 세워진 인디아 게이트가 두 다리를 벌린 채 서 있었다. 높이 42m의 아치에 9만여 명의 장병 이름이 새겨져 있다고 한다.

시원하게 뚫려 있는 라지 파트를 설렁설렁 걷고 있는데, 장호가 배가 고프다며 계속 보챘다.

"형, 뭐라도 사 먹자!"

내가 돈줄을 쥐고 있으니, 평소 의기양양하던 장호는 배고플 때마다 순한 아기가 되어 졸라댔다. 하지만 재정권은 나에게 있을지 몰라도 최종 집행권은 병오 형에게 있는 것을 어쩌지? 병오 형은 군것질을 싫어하는데? 장호는 징징거렸다.

"뭐 좀 먹자고."

썩 내키지 않는 시선으로 우리를 쳐다보는 병오 형의 눈치도 무시한 채 장호는 과자를 집었고 나는 돈을 지불했다. 그리고 형과의 멋쩍음을 피하려 등을 돌린 채 인도 과자를 맛나게 먹었다. 내가 이 둘을 아는 한, 아마도 이 과자는 이번 여행 내내 있을 음식에 대한 밀당의 서막에 불과할 것이다.

조만간 어떤 큰 행사가 있을는지 라지 파트의 도로 좌우로 조립식 의자 수천 개가 마련되고 있었다. 용접과 기름칠을 하는 노동자들은 모든 작업을 보안경이나 장갑도 없이 맨손으로 하고 있었다. 문명의 기술은 인도 사회 곳곳에 이미 뿌리내리고 있었지만, 그에 걸맞은 노동자의 근무환경, 복지, 건강 등의 개념은 아직도 먼 얘기 같았다.

시야에 들어온 것보다 인디아 게이트까지 이르는 길은 꽤 멀었다. 우리가 지칠 즈음, 오토 릭샤 한 대가 계속 따라붙으며 "어디를 가느냐?"고 물었다. 인디아 게이트에 간다고 하니, 타라고 했다. 그의 말을 무시한 채 그냥 걸어가겠다고 하자, 그는 20루피만 내면 인디아 게이트까지 갔다가 사원을 둘러본 후 쇼핑센터에 데려다준다고 했다.

작은 거울에 비친 시크교도 릭샤 왈라는 눈을 얄상하게 뜬 채 시도 때도 없이 수염을 쓸어내렸다.

아니 20루피에? 우리는 그가 얘기하는 쇼핑센터가 현대식 쇼핑가인 코넛 플레이스라고 넘겨짚었다. '어차피 코넛 플레이스로 갈 예정이었는데, 그렇다면 릭샤를 타는 것이 어때?' 우리는 인상 좋은 릭샤 왈라의 말만 믿고 릭샤에 탔다. 그는 수염이 덥수룩한 시크교도였는데, 가는 내내 손으로 자신의 수염을 자긍심 넘치게 쓰다듬었다. "당신의 수염, 참 멋지다"라고 하자, 얼굴에 화색이 돌며 단 한 번도 자르지 않은 수염이라고 했다. 토머스 모어가 참수형을 당하며 했던 말을 그도 할 것만 같았다.

"내 수염은 반역죄를 저지른 적이 없으니, 조심해서 자르게."

인디아 게이트 앞에서 시크교 릭샤 왈라와 기념사진을 찍고, 우리는 그가 운전하는 대로 몸을 맡겼다. 거울에 비친 그의 수염과 주름, 미소는 나에게 특별한 인도 여행의 이국적 즐거움을 선사했다. 가만히 그의 얼굴만 보고 있는데도, 웃음이 마구 나오고 만물에 기쁨의 꽃이 피어났다. 그는 차량 통행이 많은 어느 도롯가에 차를 세우더니, 바로 앞에 보이는 곳이 시크교 사원이라고 했다. 그리고는 내려서 사진을 찍으라고 했다.

'아, 그가 들리겠다고 한 사원이 저것이구나. 근데 왜 건물도 제대로 보이지 않는 길가에 대충 내려놓고 구경을 하라는 거야? 사원 입구 혹은 전망 좋은 곳으로 안내해주지.'

마음속으로 계속 의심스럽던 20루피의 저렴한 릭샤 요금이 떠올랐다.

'뭔가 이상하게 돌아가고 있는 것이 분명해! 이제 마지막 남은 코스는 쇼핑센터인데, 그곳은 어디일까?'

10여 분을 달리고, 그는 어디인지도 모르는 외진 곳에 릭샤를 세웠다. 우리가 내리자, 손짓으로 4층짜리 낡은 건물을 가리키며 이곳이 그 유명한 쇼핑센터라고 했다. 우리는 그의 입에서 또 무슨 말이 나오기 전에 서둘러 선수를 쳤다.

"쇼핑하기 전에 먼저 점심을 먹어야겠다. 이제 당신은 갈 길을 가라. 점심 먹고 당신이 소개한 쇼핑센터에 꼭 들리겠다."

그는 이미 점심시간이 지나 모든 음식점의 문이 닫혀있다고 에둘러 대며, 잠깐이면 되니 쇼핑센터에 들어가자고 했다. 그의 얼굴을 보아하니, 우리를 쇼핑센터에 데리고 가면 가게에서 얼마의 개런티를 받는 것 같았다. 지금까지 그가 보여준 친절 앞에서 우리는 그의 요구를 무작정 외면하기 어려웠다. 이 모든 것이 계획된 거짓말임을 알면서도, 그의 입장을 생각해 쇼핑센터로 들어갔다. 병오 형과 장호가 먼저 들어가 있는 동안 나 혼자 밖에 서 있는데, 그가 조용히 다가와 말을 걸었다.

"너는 왜 안 들어가고 여기에 있어?"
"인도 여행이 이제 시작이라 선물은 한국으로 떠날 때 사려고요."
"너 여자 친구 있잖아! 미리 선물 사 놔."
"저 여자 친구 없어요. 결혼해서 아내가 있죠."
"와, 너 정말 동안(童顔)이다. 엄청 젊어 보인다."
"고맙습니다. 그런 얘기 많이 들었어요. 하하~"
"그럼 애도 있니?"
"네, 아들 둘이 있어요."
"잘됐네. 애들 줄 선물이라도 사."
"사고 싶어도 가난해서 돈이 없어요."
"허허, 거짓말. 딱 10분만 들어갔다 나와라. 아무것도 안 사도 된다."
"미안합니다. 벌써 친구들이 나오고 있네요."

우린 그에게 정중하게 작별 인사를 한 후 식당이 있을 법한 방향으로 길을 잡았다. 하지만 그를 벗어나면서도 왠지 모를 미안함에 자꾸만 고개가 돌아갔다. 제자리에서 우리의 떠나는 뒷모습을 빤히 쳐다보며 난 처해 하는 그의 모습에 마음이 편치 않았다. 그가 어떤 이유로 우리를 이곳에 데려왔는지는 벌써 잊어버렸다. 나에게 그는 멋들어진 수염과 따뜻한 미소를 가진 사람일 뿐이었다.

바로 근처에 좌판을 펼쳐 놓고 노랑, 빨강, 다채로운 빛깔의 요리를 파는 음식점이 있었다. 우리는 가게 안으로 들어가 인도에서 꼭 먹어봐야 한다는 탄두리 치킨을 주문했다. 역시 식욕이 왕성한 장호는 뒤 테이블에서 어떤 남자가 맛나게 먹는 푸짐한 음식을 힐끗 훔쳐 보고는 저것과 똑같은 것을 달라고 했다. 음식 자체의 문제인지, 요리사의 솜씨 문제인지는 모르겠지만 기대했던 만큼의 맛은 아니었다. 우린 포만감 대신 인도 향신료에 대한 거부감을 품은 채 가게를 나와야 했다.

유체이탈

이곳이 델리의 어디인지도 모르는 상태에서 우리 셋은 동물적 지리 감각에 의지해 무작정 걷기 시작했다. 얼마나 걸었을까? 큰 도로 건너편으로 유명 브랜드 상가가 밀집되어 있는 코넛 플레이스가 보였다. 꽤 넓은 대로를 안전하게 건너게 해줄 횡단보도 신호등이 있는데도 불구하고, 현지인들은 단거리 달리기 출발선에 선 것처럼 좌우 눈치를 보며 들썩거리다 건너편으로 전력 질주했다. 사람이 무단 횡단을 하는 데도 차는 속도를 줄이지 않고 달렸다. 이건 게임이다. 나 또한 현지인과 함께하는 박진감 넘치는 게임에 뛰어들어 길을 건넜다. 나만 살겠다고 건넌 것인지, 병오 형과 장호는 반대편에서 넘어올 기회만 엿보고 있었다. 형과 장호를 기다리는데, 또 누가 다가왔다.

"어디서 왔느냐?"

"당신이 보고 있는 것이 리얼 인도이다."

"이제부터는 뭐 할 거냐?"

'아니, 인도인들은 왜 이렇게 친절한 거야?'

그리고 그는 말했다.

"여기 뒤에 여행사에 가면 당신의 여행 일정을 다 잡아준다. 같이 가 볼까?"

코넛 플레이스는 중앙에 공원을 두고, 그 주위를 최신식 건물들이 원형으로 둘러싸고 있는 원심형 구조로 되어 있었다. 우린 현대화된 상점들을 얼핏 둘러본 후, 공원에 들어가 지친 몸을 벌러덩 누였다. 공원 안에는 말끔하게 차려입은 현지 젊은이들이 많이 보였는데, 잠시 후에 이곳에서 유명 가수의 공연이 열린다고 하였다. 인도에서 처음으로 살이 포동포동 오른 채 맘껏 재주를 부리는 개들도 보였다. 생각을 텅 비우고 한가로이 잔디에 누워 있으니, 어느덧 도시에 불이 켜지고 있었다. 우리는 릭샤를 잡아타고 숙소가 있는 파하르간지로 향했다.

퇴근 시간 때여서인지 도로 위는 난장판 그 자체였다. 릭샤 바로 옆으로 다른 릭샤와 자동차가 부딪칠 만큼 근접하여

아슬아슬한 장면이 연출되었다. 그럴 때마다 우리 셋은 "오~우! 닿는 다, 닿는다"를 외쳤다. 시도 때도 없이 눈은 휘둥그레졌고, 귀마저 신음 소리를 내고 있었다. 어찌나 경적을 눌러 대는지, 손으로 귀를 막지 않 고서는 도저히 제정신을 차릴 수 없었다. 입과 코는 또 어떤가? 사방에 서 뿜어대는 매연에 숨도 못 쉴 정도로 퀴퀴한 냄새가 올라왔다. 우리 의 몰골을 뭐라 표현할까? 입은 마스크로, 귀는 손으로 틀어막고, 눈 은 불시의 사고를 대비하고…. 파하르간지에 내렸을 때는 세상과 소통 하는 오감(五感)이 모두 마비된 채였다. 깨어 보니 오감뿐만 아니라 내 정신도 어디로 사라졌는지, 유체이탈의 조짐마저 보였다.

유체이탈된 정신은 인도 전통 라이브 공연 덕에 자연스럽게 추슬러 졌다. 숙소의 옥탑 식당에 정체가 불분명한 손님들이 모여 술을 마시기 시작했다. 술이 몇 순배 돌자, 그들은 각자 준비한 인도 전통 악기를 꺼 내 들고 연주를 시작했다. 순간 이곳은 디너쇼가 열리는 최고급 라이브 카페로 변했다. 우리는 음악의 결에 따라 기분을 돋우며 공연을 관람하 였다. 한 곡이 끝나면 누가 뭐라고 할 것도 없이 식당 안의 모든 손님이 손뼉을 치기 시작했다. 그렇게 인도의 밤은 깊어만 갔다. 유체이탈된 정 신도 되돌아와 이 시간을 즐겼다. 델리에 들어온 것이 어제건만 하루가 며칠인 것처럼 길게만 느껴졌다. 내일이면 델리를 떠나 사막 지역인 라 자스탄으로 떠난다. 아마 내일 밤이면 오늘 이 시간이 그리워지겠지?

DELHI

델리

찬드니 촉 Chandni Chowk | 붉은 성 Red Fort | 간디 박물관 Gandhi Museum

페달이 멈추면 삶도 멈춘다

어제의 유체이탈 증세가 후유증으로 남았는지, 아침부터 몸이 연체 동물처럼 축 처져 있었다. 이런 약골 체력으로 한 달여의 인도 여행을 어떻게 할지 벌써 걱정이 되었다.

오늘은 파하르간지에서 북쪽으로 올라가 붉은 성(Red Fort)과 재래 시장이 위치한 찬드니 촉 일대를 돌아볼 계획이었다. 올드델리역에서 조드푸르행 밤 기차를 타야 했기 때문에, 먼저 역으로 가서 짐을 맡길 클락룸(짐 보관소)을 찾았다. 1층에 위치한 클락룸은 안경을 코끝에 걸쳐 쓴 할아버지 두 분이 관리하였다. 배낭 안에 귀중품 같은 것은 없었지만, 할아버지들이 약간 허술하게 관리하는 곳에 짐을 맡기려니 배낭의 안전에 대한 의구심이 들었다. 우리의 불신감을 눈치라고 챈 듯 할

아버지는 안경 위로 눈을 치켜뜨고선, 너희들이 직접 배낭을 들고 들어와 저 위 선반에 올려놓으라고 했다. 장호는 디스크 환자고, 나는 팔꿈치 엘보 환자인데…. 우린 병자들이라고요.

　무거운 가방을 맡기자 몸과 마음이 홀가분해졌다. 올드델리역 바로 앞에는 공원이 있었는데, 공원 한가운데 간디 상이 있었다. 자전거를 타고 지나가는 한 애를 어르고 달래어 사진을 찍었다. 그도 나쁘지만은 않은지 천진난만한 거리 모델이 되어 주었다. 공원을 산책하며 따뜻한 햇살에 낮잠을 주무시는 걸인 아저씨들도 보았고, 손님을 기다리는 사이클 릭샤들, 길거리 이발소 등을 보았다. 뉴델리가 신시가지라면, 올드델리는 구시가지이다. 같은 델리이면서도 건물이나 주변 환경에서 확연한 차이가 느껴졌다. 오토 릭샤와 사이클 릭샤의 숫자 차이? 외국인과 현지인의 숫자 차이? 멀쩡한 건물과 무너진 건물의 숫자 차이? 걸인의 숫자 차이? 어찌 보면 우리가 생각하는 인도는 뉴델리라기보다는 올드델리의 모습일 것이다. 무질서하면서도 인도 사람 냄새가 물씬 풍기는 곳 말이다.

　공원을 지나자 찬드니 촉

이 나왔다. 붉은 성이 건설되며 형성된 달빛 광장, 즉 찬드니 촉 일대는 현지인들이 즐겨 찾는 시장과 많은 상가들이 있는 곳이다. 우리는 시멘트로 낮게 만들어진 도로 중앙분리대 위를 거닐다가 시장 골목으로 들어섰다. 좁은 골목에 사람, 자동차, 오토 릭샤, 오토바이가 쉴 새 없이 경적을 울려대며 오고 갔다. 내 정신도 함께 오고 갔다. 그 거리의 주인은 없었다. 모두가 주인이었다. 그래서 거리는 혼잡스럽지만 사람은 평온했다. 모두 각자 가야 할 길을, 해야 할 일을 할 뿐이었다. 나만이 경적 소리에, 사람들의 호객 소리에, 폐부 깊숙이 들어오는 매연에, 무질서의 낯섦에 안절부절못할 뿐이었다.

상점 골목을 거의 다 빠져나왔을 무렵, 한 인도인이 나를 유심히 보더니 다가와 물었다.
"그 마스크 어디에서 샀어요?"

델리를 여행하는 동안 필수품은 바로 마스크였다. 내가 경험한 델리의 모든 거리에서는 호흡하기 어려울 정도로 매연과 악취가 코를 찔렀다. 그러나 어떤 인도인도 마스크를 하고 있지 않았다. 우리는 그들을 보며 한국에서 마스크를 수입해 판매하면 돈방석에 앉을 거라는 재미진 상상을 했다. 역시 창의적인 아이디어와 영감은 여행과 경험을 통해 나온다.

인도를 생각하면 딱 떠오르는 형상 중 하나가 릭샤이다. 릭샤는 인도에 없어서는 안 될 근거리 교통수단으로, 오토 릭샤와 사이클 릭샤가 있다. 오토바이급 작은 엔진이 달린 삼륜차 오토 릭샤는 차가 갈 수 있는 곳에서 없는 곳까지 전천후로 달릴 수 있는 아담한 만능 교통수단이다. 엄

올드델리역 앞의 사이클 릭샤 왈라들!
"안쓰럽다 보지 마세요. 당신이 타야 우리 가족의 생계가 유지된답니다."

청난 숫자의 오토 릭샤가 수시로 울려대는 요란한 경적 소리와 원 없이 뀌어대는 시커먼 매연 방귀가 도시의 골칫거리이기도 하지만, '너 없인 인도 여행 못 한다'라고 할 만큼 도시의 매력 덩어리이기도 하다. 사이클 릭샤는 자전거를 개량한 것으로, 오직 사람의 다리 힘으로만 움직이는 인력거이다. 앞에 바퀴 하나, 손님이 타거나 짐이 실리는 뒤쪽에 바퀴 두 개가 달려 있는 구조로 되어 있다. 오토 릭샤 왈라가 말쑥한 옷

과 외모를 가지고 있는 데 비해, 사이클 릭샤 왈라는 매우 초라하고 얼룩지고 시꺼멓게 햇볕에 그을린 모습이 대부분이었다. 오토 릭샤와 사이클 릭샤를 동일 릭샤군으로 묶기에는 동력에서 왈라의 빈부 수준까지 엄청 큰 차이를 지니고 있었다. 하여튼 델리 도로는 온갖 종류의 차량과 오토 릭샤, 사이클 릭샤, 심지어 무단 횡단하는 사람들로 뒤범벅된 무질서의 공간이면서도 그들만의 질서를 가진 곳이었다.

우린 그리 멀지 않은 붉은 성까지 사이클 릭샤를 한번 타보기로 했다. 하지만 우린 릭샤를 탈지 말지 망설일 수밖에 없었다. 다 낡은 슬리퍼 하나 신은 채 힘겹게 자전거를 끌고 다니는 릭샤 왈라의 모습이 생존을 위해 안간힘을 쓰는 인간 학대의 단면으로 비쳤기 때문이다. 그들 뒤에 안락하게 앉아 릭샤 왈라를 내려다보는 것만으로도 죄를 짓는 것 같았다. 게다가 우리는 다 성장한 성인 셋이 아닌가? 고심 끝에 불편한 마음을 잠시 뒤로 미루고, 사이클 릭샤를 한번 타보자고 의견을 모았다. 우리가 타야 릭샤 왈라의 가계에도 보탬이 되지 않겠는가? 날렵한 나와 병오 형은 좌석이 마련되어 있는 앞자리에 타고, 통통한 장호는 릭샤 뒤쪽 짐칸에 올라탔다.

삐쩍 마르고 늙은 릭샤 왈라는 성인 세 명을 태우고 달리느라 안장에 궁둥이를 붙일 수 없었다. 힘겹게 한 바퀴 한 바퀴 페달을 돌려갔다. 그의 삶이자, 가족의 삶이 멈추지 않도록 그렇게 돌리고 돌렸다. 낮은 오르막이라도 나오면, 힘에 부친 듯 자전거에서 내려 손잡이와 안장을 양손으로 움켜쥐고 허리를 90도로 꺾은 채 천천히 앞으로 나아갔다. 자리에 앉아 그 모습을 지켜보는 것이 여간 곤욕스러운 게 아니었다. 목적지에 도착하고 그는 내가 건넨 돈을 받아 호주머니에 꼬깃꼬깃 접어 넣었다. 아이는 아빠를 기다리고, 아내는 남편을 기다릴 것이다. 남편의 호주머니는 그의 것이자, 가족 모두의 것이다. "Thank you!" 하며 감사를 전했건만 아무 응답도 없었다. 그는 미소 한 번 흘리지 않고 다시 안장에 올라 페달을 돌렸다. 수많은 인파 사이로 사라지는 그의 꽁무니를 눈으로 뒤쫓았다. 하루하루 자전거 바퀴처럼 돌아가는 그의 삶을 그리자, 가슴에서 울컥하며 정체 모를 감정이 올라왔다. 그 감정은 동정심도 아니고 연민도 아니었다. 그의 표정과 똑같은 무표정의 감정이었다.

방뇨, 방분, 그리고 아수라

붉은 성으로 가려면 찬드니 촉 맨 끝자락에 있는 야시장을 지나야 했다. 야시장에는 사람과 사람 사이의 여백이 하나도 없었다. 사람들은 자기가 갈 곳을 잃어버린 채 파도에 휩쓸리듯 인파에 밀려 어디론가 떠내려갔다. 야시장에서 물건을 파는 상인들 대부분은 영어를 하지 못했다. 사과를 사기 위해 장사꾼에게 얼마냐고 묻자, 그는 아무 말 없이 내 앞에 지불해야 할 돈을 펼쳐 놓으며 눈짓으로 흥정을 걸었다. 그럼 나는 장사꾼이 내민 돈 중에 10~20루피 지폐를 옆으로 빼며 손으로 아래를 가리켰고, 장사꾼은 돈을 원래 자리에 돌려놓으며 고개를 절레절레 저었다. 이렇게라도 무언의 거래가 성사되었으니, 얼마나 다행인가?

마땅한 식당도 없어 눈에 보이는 길거리 음식을 사 먹었다. 감자를 으깨고 그 위에 인도소스를 뿌린 음식이었는데, 우린 음식이 담긴 컵을 하나씩 들고 앉을 곳을 찾았다. 그런데 '이곳이다' 하고 앉으려 하면 인분인가, 우분인가, 견분인가 모를 퀴퀴한 냄새가 밀려왔다. 온통 방뇨와 방분의 흔적이었다. 결국 우리는 먹을 장소를 찾지 못하고 걸어가며 식사를 해야 했다. 기껏 좋은 자리가 보이면 그곳은 벌써 걸인들이 차지하는 5성급 거리 호텔이었다. 호텔과 호텔의 경계 역시 배설물이었다. 서 있을 수도, 앉을 수도 없는 거리에서 우린 급한 허기를 채워야 했다.

붉은 성(Red Fort)은 무굴 황제인 샤 자한에 의해 건설되었다. 하지만 델리에 이 성을 짓게 한 후 그는 아그라로 천도하여 실제로 살지는 못하였다. 붉은 성이 유명한 것은 인도의 초대 총리가 영국으로부터 독립을 선언한 곳이기 때문이다. 성벽이 붉은색 벽돌로 쌓여있어 붉은 성이라고 불린다. 가족과 연인끼리 마실 나온 현지인들로 긴 줄이 이어졌다. 성벽을 따라 그 아래로는 적의 침입을 막기 위해 만들어진 해자(垓字)가 물이 마른 채로 긴 세월 아래 쓸쓸히 놓여 있었다. 성벽 너머 보이는 붉은 성의 웅장함이 인도 무굴 제국의 영화를 대변하고 있었다.

오토 릭샤를 타고 도착한 간디 박물관에는 간디의 생애와 활동에 대한 사진들이 검소하게 전시되어 있었다. 현지어 및 영어로 긴 설명이 붙어 있었는데, 우리가 간디즘을 추종하지 않는 이상 하나하나 모두 읽어 갈 수는 없었다. 인도의 모든 화폐 단위에는 오직 한 인물만이 그려져 있었으니, 그가 바로 간디였다. 아직도 인도인들 사이에서 간디는 영웅으로 추앙받고 있었다. 종교도 다르고, 종족도 다르고, 얼굴색도 다른 인도지만 간디를 사랑하는 마음만은 하나였다.

박물관을 나와 식당을 찾아가는 길가에서 한 어린아이를 보았다. 이제 갓 네 발로 기어 다니기 시작한 쪼끄만 아이였다. 아이는 발가벗은 채 아랫도리를 시멘트 바닥에 긁어 대며 엄마를 향해 기어갔다. '얼마나 아플까?' 엄마는 아기를 본척만척 보도블록 전봇대 아래에 벽돌 두 개를 세워놓고 불을 지피려 분주할 뿐이었다. 아기가 칭얼대자, 엄마는 그 옆에서 놀고 있는 큰아이에게 동생 좀 보라며 다그쳤다. 저녁을 준비하는 그곳의 전부는 벽돌 두 개, 작은 냄비 하나, 그리고 어디선가 주워온 나뭇가지들뿐이었다. 오늘 저 냄비 안에 들어갈 음식 재료는 있는 것인지 걱정이 되었다. 홀쭉해진 배로 무게중심을 잡고 퀭한 눈으로 냄비를 응시하는 아이들이 이 세상에서 의지할 수 있는 전부는 오직 엄마뿐이었다. 엄마의 깊게 굽은 허리 위로 삶의 고단함이 놓여 있었다.

기차 시간이 다가오며 해가 진 바자르(시장)를 통과해 올드델리역으로 갔다. 아수라장의 밤 시장이었다. 밀리고 부딪히고 밟히고… 사람에, 차에, 릭샤에, 소에, 달구지에… 이곳은 세상에 있을 수 없는 곳이야.

진짜 아수라가 따로 없었다. 앞사람이 열어놓은 길이 닫히기 전에 빨리 쫓아가야 한다. 작은 틈이라도 생기면 아차 하는 찰나에 반대편에서 오는 사람에게, 릭샤 왈라와 자동차 운전사에게, 노점상 리어카에 공간을 빼앗길지도 모른다. 참으로 의아한 것은 부딪혀도, 길이 막혀도 누구 하나 화를 내거나 남 탓을 하지 않는다는 것이었다. 시도 때도 없이 사방에서 울려 퍼지는 경적과 호객 소리에도 서로 동떨어진 섬에 있는 것처럼 어떤 미동도 느껴지지 않았다. 어제에 이어 두 번째 유체이탈이 왔다. 몸은 군중과 함께 떠내려가지만 내 정신은 어디에도 없었다. 뒤로 맨 가방이 걱정되어 앞으로 돌려 매니, 가방이 열려 있었다. 도대체 언제, 누가 내 가방 지퍼를 열었지? 화들짝 놀라 가방 안의 지갑과 여권을 손으로 체크해보았다. 다행히 손에 잡혀야 할 물건이 잡혔다. 우리는 그 거리를 무사히 지나간 후 안도의 한숨을 쉬며 말했다.

"이젠 어떤 인도를 경험하더라도 두렵거나 당황하지 않을 것 같아요!"

"여행하는 도중 힘들 때면 이곳을 생각하자고."

어두컴컴한 밤에 올드델리역을 찾아가는 길은 두려움의 연속이었다. 이곳이 어디인지 정확히 분간되지 않았고, 어디 하나 도움을 청할 곳도 없었다. 두려움은 모든 인도인을 잠재적 범죄자로 만들었고, 그들을 보는 시선 또한 왜곡될 수밖에 없었다. 두려움은 밖에서 찾아오지만 안에서 만들어진 것임을 알면서도 왜 밖에 그 책임을 묻고 있는 것일까?

행운은 누구에게 찾아오는가

　우여곡절 끝에 우리는 올드델리역에 무사히 도착하였다. 그리고 플랫폼에 가방 세 개를 세워놓고, 현지인들 옆에 떡하니 자리 하나를 마련하였다. 어디론가 떠나는 수많은 사람이 오고 갔다. 그들은 대부분 큰 보따리 몇 개씩을 가지고 열차에 올라탔다. 수도인 델리에 와서 물건을 대량으로 산 후 그것을 시골에다 내다 파는 상인들처럼 보였다. 또한 몇몇은 가난을 벗어나기 위해 도시로 상경했다가 일이 제대로 풀리지 않아 다시 귀향하는 사람들 같았다. 그들 모두의 얼굴에는 도시 생활에 찌든 피로감이 보였다. 나만이 느낀 것일까? 밑바닥이 터진 듯 욕망의 덩어리가 쉬지 않고 배설되는 도시의 정형적인 삶을 회의스럽게 생각하는 나의 의식 때문일지도 모르겠다.

　올드델리역 매점에서 내일 아침 먹을 빵을 사는데, 한 걸인 아이가 빵을 사고 있는 나를 보자마자 피고 있던 담배를 황급히 끄고 달려왔다. 10살 정도로 짐작되는 어린아이였다. "Please give me ten rupee"(10루피만 줘) 하며 시꺼멓게 때 묻은 손을 벌렸다. 초점 없이 덤덤해 보이는 그 아이의 눈을 보며 "No!"라고 하니, 그럼 가게에서 덤으로 준 초콜릿을 달

올드델리역에서 누일 곳을 찾아
배회하는 걸인

라고 했다. 초콜릿을 주려 손을 내밀자, 어디선가 또 다른 걸인 아이 두 명이 쏜살같이 달려왔다. 순간 내 손 안의 초콜릿을 쟁취하기 위한 세 아이의 거친 몸싸움이 벌어졌다. 그중 한 아이가 깡마른 아이를 뒤로 힘껏 밀치며 잽싸게 내 손의 초콜릿을 가로챘다. 바닥에 나동그라진 아이는 이 상황이 익숙한 듯 금세 포기하고 다른 목표물을 찾아 길을 나섰다. 어떤 선택을 할지 결정하지 못한 또 다른 아이는 가만히 나를 쳐다보다가 자신의 윗도리를 훌러덩 올렸다. 그리고는 뼈가 앙상히 드러난 배를 손가락으로 가리키며, 세상 어디에도 없는 슬픈 미소를 지었다. 입으로 "냠냠" 하며 동정심을 구하는 아이에게 더 이상 줄 것이 없다고 양손을 벌리자, 손가락으로 매점 진열장 안의 빵을 힘없이 가리켰다.

출발 시각이 가까이 오자, 조드푸르행 기차가 플랫폼에 들어왔다. 여기에서 우린 기대치 않은 행운을 얻게 되었다. 인도 열차의 좌석 예약 확정명단은 각 객차 입구에 종이로 출력하여 붙여놓는데, 우리가 예약한 3AC 등급의 B4 객차에서 세 사람의 이름을 찾을 수 없었다. 인도의 첫 번째 열차 탑승부터 난관에 봉착해 이 객차 저 객차를 허둥지둥 돌아다녀야 했다. 예약에 착오가 생겼을지도 모른다는 생각에 등줄기에 식은땀마저 흘러내렸다.

성수기에는 현지에 도착해 기차표를 얻기가 어렵다고 하여, 미리 사람들이 많이 몰리는 구간의 표를 인터넷으로 예약해 놓았다. 모바일 인증번호를 통해 신분 확인을 할 수 없기 때문에 여권 사본을 인도철도청에 이메일로 보내는 등 거의 몇 날 며칠을 헤매고 나서야 예약을 완료할 수 있었다. 그렇게 어렵사리 예약한 표인데, 현지에서 이런 예측치 못한 상황에 부딪힐 줄은 생각도 못 했다. B4 객차에서 이름을 찾지 못한 우리는 같은 3AC 등급인 B1에서 B3까지 돌아다니며 명단을 확인해 보았지만, 어디에도 이름이 없었다. 벌겋게 상기된 얼굴로 우리가 이름을 확인한 곳은 B4 객차 명단의 맨 아래에 적힌 업그레이드 명단에서였다. 비교적 저렴한 가격의 3AC 예약자는 넘치고, 한 단계 높은 등급인 2AC는 자리가 남기에 초기에 예약한 우리를 2AC로 배정한 것이었다. 생각지도 못한 6인실에서 4인실로의 행운에 방금 전 초조함은 온데간데없이 사라지고, 셋 모두 헤벌쭉 웃으며 어깨춤을 추었다. 허리를 쭉 펴고 말쑥해 보이는 인도 사람들과 쾌적한 야간 기차 여행을 할 수 있었다.

시끄럽고 냄새나고 무질서하고 정신없어 보이는 사람들과 그 거리들! 인간의 힘으로는 상상할 수 없는 웅장하고 거대한 건축물과 '나마스테' 하며 순수와 무욕의 미소를 짓고 인사하는 친절한 인도인들! 호시탐탐 관광객의 가방을 노리고 있는 하이에나들과 릭샤를 타라며 눈웃음 짓는 왈라들, 갖가지 손짓 몸짓으로 호객하는 노점상들, 길거리마다 공원마다 역 광장마다 이불을 덮고 누워있는 걸인들! 이 모든 부조화스럽고 모순된 모습들이 중첩되고 있는 곳이 바로 인도였다. 인도를 표현하는 정답은 없었다. 누구나 동의할 수 있는 객관적인 모습도 없으며, 각 개인들이 공감할 수 있는 주관적인 공통점도 없었다. 델리에 인도는 없었다.

JODHPUR

조드푸르

사다르 바자르 Sadar Bazar | 시계탑 Clock Tower | 메헤랑가르성 Meherangarh Fort

사막, 라자스탄주(州)에 들어서다

델리를 떠나 방문한 첫 도시 조드푸르! 드디어 인도 서북부의 사막 지역인 라자스탄주에 들어왔다. 기차에서 내리자마자 클락룸을 찾아 짐을 맡겼다. 그곳에서 일하는 여인이 가방 세 개를 맡기려는 우리에게 계속 무슨 말을 건네는데, 도저히 알아들을 수가 없었다. 영어긴 영어 인데, 우리가 아는 영어가 아니었다. 세 명 모두 어리둥절하며 대답을 못 하자, 어이가 없다는 듯 그녀는 헛웃음과 함께 긴 한숨을 내쉬었다. 짧은 순간 그녀와 우리 사이에 높은 불통의 벽이 세워졌다. 귀를 열고 집중력을 발휘해 알아들은 그녀의 말은 바로 '빠스뽀드'(패스포트)였다.

릭샤를 타고 시계탑이 있는 사다르 바자르(Sadar bazar)로 갔다. 사 방으로 문이 뚫려 있는 그리 크지 않은 공간에 상점과 노점들이 자리

블루 시티 조드푸르의 메헤랑가르성! 하늘이 파랑이라 블루 시티일까? |

잡고 있었다. 바자르 한가운데 우뚝 서 있는 시계탑이 참 명물이었다. 하지만 더 멋진 것은 시계탑을 보려고 고개를 들자마자, 그 뒤로 팔을 벌려 조드푸르를 감싸 안고 있는 메헤랑가르성의 압도적인 자태였다. 지상의 인간계를 인자하면서도 위엄 있는 모습으로 내려다보는 신의 영역인 듯, 성은 세상을 초탈한 무게감을 갖고 있었다. 인도의 신들이 거주하는 올림포스 신전이 상상되는 신비감마저 들었다. 궁전 위로 펼쳐진 파란색 하늘이 도화지가 되어 궁전을 더욱 도드라지게 부각시켰다. 우리가 사막지대인 라자스탄 지역에 있다는 것을 증명하듯 주위에 보이는 인도 여인들의 복장은 알록달록 전통 의상의 향연이었다. 조드푸르는 사막 위에 놓인 컬러풀 도시였다.

왜 하필 인도야

메헤랑가르성의 위세에 눌려 오도카니 서 있는데, 어디선가 변성기가 지나지 않은 소년의 목소리가 들려왔다.

"Are you Japanese? Korean?"(일본인이에요? 한국인이에요?)

소년은 우리를 보자마자 졸졸 쫓아오며, 짧은 영어 실력으로 말을 걸었다. 호객하는 것이 분명하건만, 이 아이에게서는 다른 호객꾼에게 발견할 수 없는 미묘한 끌림이 느껴졌다. 몇 마디 싱거운 얘기가 오고 가자, 아이는 바로 앞에 자신의 삼촌이 운영하는 가게가 있다면서 함께 가 보자고 했다. 지금은 바빠서 못 가고, 메헤랑가르성을 구경한 다음에 꼭 들리겠다고 에둘러 거절하였다. 그는 내 말 속에서 진실을 보지 못한 듯, 손가락을 내밀며 약속하자고 했다. 나는 아이와 새끼손가락을 걸며 약속했고, 엄지를 찍고 검지로 아이의 손바닥을 간지럼 피우며 약속했고, 양손으로 그 아이의 손을 비비며 거듭 약속했다. 그 아이는 뒤돌아가며 나에게 다시 한 번 외쳤다.

"promise!"(약속!)

북문 밖에 유명하다는 오믈렛 가게를 찾았다. 생각보다 작은 가게에서 할아버지는 요리하였고, 아들인지 직원인지 모를 젊은이는 한국어를 섞어 가며 손님을 받았다. 주방에 있

| 조드푸르 시장의 컬러플 사막 여인들!

던 할아버지는 우리를 보자마자 난데없이 "Open your guidebook"(가이드북 좀 펴 봐)이라고 외쳤다. 조드푸르의 추천 식당이 소개돼 있는 쪽을 열자, 손가락으로 자기 가게를 가리키면서 어깨를 으쓱했다. "It's here."(여기야.) 서빙을 보는 친구는 우리를 플라스틱 간이 의자에 앉으라고 한 후, 두꺼운 방명록 서너 권을 건네주었다. 방명록에는 한국어로 된 방문 후기들이 빡빡하게 적혀 있었다. 그는 그 가운데 한쪽을 펴고 한국어로 말했다.

"공유, 공유."

그곳에는 〈김종욱 찾기〉 영화를 찍기 위해 이곳을 방문한 공유의 방문 후기가 적혀 있었다. 그러나 화려한 식전 이벤트와 달리, 여행자들의 입에서 회자할 만큼 맛깔난 음식은 아니었다.

스마트폰을 원활하게 사용하기 어려운 지역을 여행할 경우에는 여행 내내 가이드북 하나를 손에 꼭 쥐고 다닌다. 그리고 숙소와 식당을 구할 때 가이드북에서 추천하는 곳을 우선하여 고려하게 된다. 가이드북 저자들이 나름 일정 기준을 두고 숙소와 식당을 선별했겠지만, 가이드북은 그저 여행의 큰 윤곽을 잡는 데 도움을 주고 낯선 곳을 여행하는 두려움을 좀 편안하게 해주는, 글자 그대로 가이드 역할 정도로만 여기면 좋겠다. 예를 들어 조드푸르에는 가이드북에서 추천하지 않은 수많은 식당이 있었는데, 그곳에는 거의 손님이 없어 파리만 날리고 있었다. 이동과 안전에 관련된 최소한의 계획만 사전에 세워놓고, 나머지 먹고 자는 것에 관한 세세한 부분은 현지에서 좌충우돌하며 해결해 나가는 여행은 어떨까? 한번 가이드북에 오른 식당은 수주대토(守株待兎)

의 농부 마음으로 제 발로 찾아오는 손님을 기다리기만 하면 됐다. 그와는 대조적으로 가이드북에 오르지 않은 식당은 자연스럽게 외면받거나 도태될 수밖에 없었다. 이런 상황은 배낭여행자에게도, 현지 인도인들에게도 바람직하지 않은 상도(商道)일 것이다.

옆에서 오믈렛을 먹는 남자 대학생 두 명이 있었는데, 그중 한 명은 직원에게 종이에 적은 글을 보여주며 자신의 동영상에 출연해 달라고 부탁했다. 무슨 말을 하나 눈여겨보니, 누군가에게 보내는 사랑 고백의 영상 편지였다. 인도 곳곳을 돌아다니며 현지인의 입을 빌어 여자 친구에게 자신의 애틋한 마음을 전하는 것이었다. '아, 저 영상을 보는 여자는 얼마나 행복할까? 아니면 그 마음을 못 받아주는 미안함이 클까?' 그래도 영상을 완성하여 한국으로 돌아가는 저 친구는 세상을 모두 얻은 마음일 것이다.

까꿍! 까르르 웃는 베이비

메헤랑가르성으로 가는 길을 몰라 자전거를 끌고 하교하는 학생에게 물어보았다. 교복을 입고 아주 핸섬하게 생긴 학생은 자기 집이 그쪽 방향이라며 함께 가자고 했다. 우리를 안내하는 소년의 발걸음에 생기가 넘쳤다. 델리와 다르게 이곳에서는 많은 아이를 만날 수 있었다. 그들은 외국인을 볼 때마다 말괄량이처럼 달라붙어 애교를 떨었다.

"어디서 왔어요?"

| 메헤랑가르성으로 가는 길에서 만난 아이들! 아이들에게는 모든 것이 있고, 아무것도 없다.

"사진 찍어 주세요!"

가만히 아이들의 장난기 어린 눈과 몸짓을 보고 있으면 청량제처럼 기분이 맑아졌고, 기쁨이 만조가 되어 가슴에 넘쳤다. 인도말로 신나게 떠들어대면서 자기들끼리 허허거리고, 온몸으로 행복을 표현하는 그들은 인도의 선물이었다.

노자가 이야기한 영아(嬰兒)가 저들일까? 노자는 지식이 많아질수록 인간은 부자유스러워진다고 하였다. 마음의 평화도, 웃음도 잃는다고 하였다. 지식이 곧 편견이 되어버려 '옳다, 옳지 않다', '잘생겼다, 못생겼다', '좋다, 싫다' 등의 분별을 하게 되고, 그 속에 자신을 가두어 놓게 되기 때문이다. 뭘 그렇게 아는 게 많고, 지혜가 많은지 자기 생각을 절대적 진리인 양 떠들어댄다. 나이가 들수록 지혜로워진다고 했는데, 지혜로워졌다는 그들이 더 일도양단(一刀兩斷)의 날카로움으로 옳고 그름을 가차 없이 나누고, 그 기준에 맞지 않는 사람을 '못된 놈', '사람 같지도 않은 놈', '어른도 몰라보는 놈', '싹수없는 놈'이라며 타박하기도 한다. 노자의 입장에서 보면 우리의 가치 판단은 편견일 뿐이다. 그리고 그 편견에 근거해 분별이 생기고, 여기에서 뭇 갈등과 분란이 일어나게 된다.

하지만 그렇다고 사유하는 존재인 우리가 어찌 옳고 그름을 판단하지 않을 수 있겠는가? 자유의지를 가진 우리가 어찌 선택하고 행동하지 않을 수 있겠는가? 사유와 자유의지를 부정하라는 것인가? 노자는 아마 우리에게 이런 질문을 던질 것이다.

"당신이 지금 선택하고 판단하는 근거는 보편타당한 것입니까? 겸손하게 뒤돌아보십시오. 정말 아이와 같은 순수함으로 그런 판단을 한 것입니까? 아니면 자기중심적 이해관계에 따라 결정한 것입니까?"

연륜이 많은 어른들이 이렇게 얘기한다면 노자도 흐뭇해하지 않을까?

"그럴 수도 있겠네요."

"당신만 그런 것이 아니라 저도 똑같습니다."

"허허. 저도 꽤 오래 살아왔는데 잘 모르겠네요. 같이 찾아볼까요?"

사람의 눈을 보면 그 사람이 살아온 생(生)의 깊이와 시간의 넓이를 알 수 있다고 했다. 물론 그 눈을 보며 판단할 수 있는 능력을 갖추는 것이 훨씬 더 어려울 것이다. 나의 눈은 어떨까? 블랙홀처럼 까만 눈동자에 세상을 보이는 그대로, 사람들을 있는 그대로 담았으면 좋겠다.

따지고 보면 아이들은 우리에게 많은 가르침을 주고 있다. 우리가 미래를 준비하라고 하면, 아이들은 현재의 즐거움을 찾겠다고 한다. 우리가 이 시간을 견뎌 저곳에 이르러야 한다고 말하면, 아이들은 이 시간이 끝나면 어쩌나 걱정하며 영원한 현재를 살고 싶어 한다. 아이들에게 내일을 위해 빨리 자라고 하면, 아이들은 더 놀고 싶다고, 깨어있고 싶다고 한다. 내가 아이들에게 가르치는 것이 삶의 기술이자 행복에 이르는 방법이라면, 아이들은 나에게 행복이 무엇인지 행복 그 자체를 가르쳐준다. 떼 부리는 아이를 생각이 없다며 타박하고 내 자에 맞추어 재단하기 전에, 빤히 아이의 눈과 웃음소리에 집중해 보자. 그 순간 아이는 우리의 또 다른 스승이 된다.

하늘도 파랑 땅도 파랑, 블루 시티

길게 이어진 좁은 골목의 계단을 쭉 올라가자, 계단 끝에 메헤랑가르성으로 향하는 자동차 도로가 있었다. 멀리 메헤랑가르성을 왼편에 끼고 도로변을 천천히 거닐었다. 오르막길을 걷는 동안 소복이 흩뿌려지는 따뜻한 사막 햇살에 땀이 은근하게 배어들었다. 성에 가까이 갈수록 성을 찾은 많은 방문객이 보였다. 단체로 여행 온 학생이 유난히 많았는데, 아마도 현장체험학습을 온 모양이었다. 그때 갑자기 내 눈을 사로잡은 것이 있었으니, 바로 어여쁜 인도 선생님이었다. 곱디고운 여인의 모습에 넋을 잃어버리는 통에 메헤랑가르성의 존재마저 잊고 말았다. 영웅호색이라고 했던가? 정신을 차리고 눈을 뜨니, 메헤랑가르성과 여인의 모습이 한 폭의 그림과도 같았다. 그녀는 이미 나에게 라자스탄의 공주님이었다. 우리는 그녀를 보기 위해 먼 곳으로부터 찾아온 세

명의 동방 박사라고 자칭하면 과장될까?

조드푸르가 속해 있는 라자스탄은 '라지푸트들의 땅'이라는 뜻이다. 라지푸트는 라자스탄을 지배했던 전사 집단으로, 전투에서 승리하지 못할 때는 차라리 죽음을 택하는 조하르(Johar)의 전통을 가진 용맹스럽고 자부심이 강한 이들이었다. 남편이 죽으면 여성이 화장되는 시신의 장작더미에 몸을 던지는 사티(Sati) 풍습도 지켰다. 무굴 제국이 인도 전역을 통일할 때에도 용맹스러운 전사들의 땅인 라자스탄만은 혼인 등을 통한 회유책으로 그들을 끌어안았다고 한다.

메헤랑가르성은 조드푸르의 마하라자(인도에서 부르는 왕의 칭호)가 건설한 성으로, 125m의 높은 언덕에 15세기 중엽부터 19세기 초에 걸쳐 완성하였다. 현재 메헤랑가르성의 내부는 박물관으로 꾸며져 관광

객의 방문을 받고 있었는데, 꽤 비싼 입장료와 사진 촬영권을 구입해야 입장할 수 있었다. 메헤랑가르성의 백미는 뭐니 뭐니 해도 성곽 위에서 바라보는 조드푸르의 조망일 것이다. 파란색으로 채색된 수많은 집들이 도시 전체를 파랑으로 물들이고 있었다. 바로 조드푸르가 블루 시티(Blue city)라고 불리는 이유이다. 원래 브라만 계급이 자신들이 살고 있는 집을 구분 짓기 위해 외벽을 파란색으로 칠하면서 시작되었는데, 이후 브라만이 아닌 주민들도 하나둘 자신의 집을 파랗게 칠하며 지금과 같이 도시 전체가 파란색을 띠게 되었다.

오늘은 하늘과 땅이 모두 거울에 비친 양 파랑 일색이었다. 도시를 내려다보며 파랑에 취해 있는데, 성곽 위만은 빨강, 노랑 등 다채로운 색으로 채색되어 있었다. 단체로 여행 온 전통 복장의 학생들이 성곽에 기대어 원색을 뽐내고 있었기 때문이다. 얼굴이라도 마주치면 수줍은 듯 미소를 보이며, 우리에게 들킬세라 히죽히죽 조용히 웃었다. 형형색색의 옷처럼 그들의 세계도 형형색색이겠지? 좀 부유해 보이는 몇몇 아이들은 핸드폰을 꺼내 들고 사진을 찍었다. 델리를 비롯한 큰 도시에는 이미 스마트폰이 대중화되어 다양한 서비스를 즐긴다고 하였다. 하지만 왠지 이곳에서 핸드폰으로 사진을 찍는 여학생의 모습은 특별하게 다가왔다. 아마 내가 생각하는 인도와 다르기 때문에 그럴 것이다. 가난한 인도

라는 편견으로 인도가 세계에서 둘째가라면 서러울 IT 강국이라는 사실을 잊고 있었던 것이다. 아이들 몰래 그들을 바라보고, 눈맞춤하고, 웃고, 수줍어하는 숨바꼭질이 이어졌다.

성에서 내려와 어디로 연결되는지도 모르는 골목들을 헤매다 다시 시장으로 돌아왔다. 메헤랑가르성을 보기 위해 하루 일정으로 조드푸르를 들렀는데, 성을 방문하고도 뜻밖에 시간이 많이 남았다. 노천카페에서 음료수 하나 시켜 놓고 대화도 없는 호젓한 시간을 가졌다. 저녁이 되어 식당 골목으로 들어서자, 삼층 건물 옥상에서 우리를 향해 누군가 손을 흔들고 있었다. 게스트하우스를 운영하는 한식당의 주인이었다. 우리가 골목으로 들어서자 자기 식당을 방문하라며, 당신이 찾던 그곳이 바로 이곳이라며 부르는 것이었다. 우리는 그의 손길에 이끌려 옥탑에 위치한 식당에서 인도 맥주로 만찬을 즐겼다. 메헤랑가르성 앞에 연등처럼 켜진 불빛을 배경으로 우린 라자스탄의 낭만 어린 밤에 취했다. 신선놀음이 무에 있겠는가? 사람이 만찬이고, 함께함이 만찬이고, 사람에 대한 그리움이 만찬이지! 우리는 최고의 야경을 가진 레스토랑에서 마음껏 성찬을 즐겼다.

자이살메르행 야간 기차를 타기 위해 시계탑을 지나가는데, 오전에 손가락까지 걸며 꼭 들리겠다고 약속했던 소년이 우리를 기다리고 있었다.
"저 기억하죠? 약속했잖아요."
나는 이미 손가락 도장으로 확약한 그와의 신의를 저버리고 '기차 시간에 늦었다'는 핑계로 가던 길을 재촉하였다. 그 아이의 표정, 기분?

별로 상관할 바가 아니라고 생각했다. 그동안 만났던 인도 사람들의 호객 행위와 별반 다를 게 없다고 생각했기 때문이다. 하지만 계속 뭔가가 날 붙잡고 있었다. 뭔가가…. 장호 또한 그런 기분이 들었는지 내 팔을 붙잡고, "형, 약속했잖아. 애한테 미안하지도 않아? 다시 뒤돌아가자"라며 타박하였다. '그래, 장호야. 돌아가야 맞는 거지?' 우리는 가던 길을 되돌아 아이에게 갔다. 아이는 펄쩍펄쩍 뛰며 좋아라 했다. 그가 안내하는 삼촌 가게에 들러 나와 장호는 스카프를 구입했다. 그리고 아이를 꼬옥 껴안아 주었다.

"헤이, 나 너하고의 약속 지켰다. 그러니 너도 약속 하나 하자. 멋진 사람이 될 거라고. 그리고 인연이 되면 꼭 다시 보자."

가방에 넣은 스카프가 난로처럼 온기를 피웠다. 아이의 작지만 온기 어린 품이 그리울 정도로 등이 따뜻해졌다.

땅거미 진 조드푸르역의 풍경은 그야말로 전쟁터가 따로 없었다. 역 앞, 대합실, 매표소 등 사람이 앉고 누울 수 있는 모든 곳을 걸인들이 차지하고 있었다. 상상에서나 그려지는 진풍경이 바로 눈앞에서 펼쳐졌다. 셀 수 없을 정도로 많은 걸인 무리와 찬 바닥에 무표정하게 누워있는 그들의 모습은 보는 이로 하여금 공포심까지 자아내게 했다. 누가 기차를 기다리는 승객이고, 누가 설 곳을 찾아온 걸인인지 구별도 되지 않았다. 대합실에 있자니 민망하고, 매표구 앞에 있자니 낯 뜨겁고, 역 입구에 있자니 무서웠다. 낮 동안 흩어져 있던 걸인들이 밤이 되고 기온이 떨어지며 역으로 모여든 것이었다. 참 의아한 것은 누운 이도, 그 곁을 지나는 이도 서로를 의식하지 않는다는 것이었다. 서로에게 관심도 없으며, 관심을 가질 필요도 없어 보였다.

　역 정문 바로 옆 시멘트 바닥에 자리를 잡은 걸인 가족이 눈길을 붙잡았다. 엄마는 잠이 오지 않는 갓난아이를 품에 안고 조곤조곤 어르고 달래고 있었다. 그 옆에는 나란히 남자아이 셋이 지저분한 도포 한장을 나눠 덮고 잠을 자고 있었다. 어정쩡한 자세로 보채는 갓난아이를 품에 안은 엄마는 잠을 못 이루는 한 아이에게 다가가 이불을 끌어 덮어 주었다. 아이는 이불을 덮어 주는 엄마에게 연신 개구진 장난을 걸었다. 엄마는 시간이 늦었다며 빨리 자라고 채근하였다. 엄마의 잔소리도 무시한 채 손가락으로 엄마를 툭툭 건드리며 장난하는 아이의 천연덕스런 웃음소리가 조드푸르역을 심장이 뛰는 곳으로 만들었다. 엄마는 따뜻한 품에 아이를 꼬옥 안고 있었다. 엄마의 쿵쿵거리는 심장 소리를 들으며 아이는 세상에서 가장 행복한 잠에 빠져들 것이다.

　'잘 자라. 우리 아기!'

　우리는 가방을 메고 플랫폼으로 나가 벤치에 자리를 잡았다. 벤치에 앉아 지나가는 리어카에서 오렌지도 사 먹고, 담소도 나누며, 연착되는 기차가 들어올 때까지 무려 세 시간이나 기다려야 했다. 조드푸르를 떠나며 머릿속에 각인된 것은 메헤랑가르성과 걸인 무리였다. 메헤랑가르성과 걸인! 조드푸르는 극 대 극의 도시였다. 해가 떠오르면 메헤랑가르성의 도시였고, 해가 지면 걸인의 도시가 되었다. 이 밤, 조드푸르역은 걸인에게 메헤랑가르성이었다.

JAISALMER

자이살메르

자이살메르성 Jaisalmer Fort

황색의 향연, 골든 시티

11시 45분 조드푸르역에서 출발한 야간열차는 예정된 시간을 훌쩍 넘긴 7시 20분에야 자이살메르역에 도착하였다. 올드델리에서 조드푸르까지는 3시간 30분 연착, 조드푸르에서 자이살메르까지는 3시간 연착! 째깍째깍, 인도 시계는 이렇게 세상과 동떨어져 돌아가고 있었다.

자이살메르까지의 기차는 3AC보다 낮은 등급인 SL(Sleeper)칸을 이용하였다. 어제의 행운은 또다시 찾아오지 않았다. 3AC와 SL칸 모두 3층 침대가 서로 마주 보는 6인실 구조로 되어 있는데, 에어컨의 유무, 이불의 제공 여부, 사생활 보호 및 수면을 위한 커튼 설치 여부 등의 차이가 있었다. SL칸은 보통 장거리 여행을 해야 하는 인도인들과 지갑이 얇은 외국인 배낭족들이 가장 많이 탑승하는 객실이다. 어제와는 달리 인도 현지 사람들과 자유롭게 어울릴 수 있어 좋았다. 나는 3층 좌석 중 맨 꼭대기(Upper)에 자리 잡았다. 허리도 제대로 펴지 못한 채 가까스로 침낭을 펼치고, 꾸부정한 자세로 옷을 갈아입어야 하는 불편을 감수할 수밖에 없는 자리였다. 이럴 때 우린 이런 말을 떠올렸다.

"그러게 뭐하러 인도 가서 돈 버리고 생고생을 해?"

아래층(Middle, Lower)에서 은은하게 올라오는 발 냄새, 갓난아이의 울음소리, 코골이 소리까지 불협화음의 인도 자장가가 사방에서 울려 퍼졌다. 인도 기차는 예전 우리네 기차처럼 탑승 문을 열고 바깥 공기를 마음껏 호흡할 수 있는 매력이 있었다. 칙칙폭폭, 기차의 우렁찬 기지개 소리가 휑한 사막의 새벽을 열었다.

사막 도시인 자이살메르에 도착하자, 각 숙소에서 플랫폼까지 나온 스텝(직원)들의 호객이 제일 먼저 우리를 반겼다. 기차에서 내린 두 명의 여대생이 우리에게 어디서 묵을 거냐며 물었다. 여성끼리 낙타 사파

골든 시티, 자이살메르! 성부터 집까지, 인간의 손이 닿은 모든 것이 황색이었다.

리를 참여하는 것이 위험하다는 말을 많이 들었기에, 웬만하면 같은 숙소를 잡고 함께 낙타 사파리를 했으면 하는 눈치였다. 우리는 한 게스트하우스를 숙소로 정하고 함께 지프차에 올랐다. 난 직원이 돌아오기 전 지프차 운전석에 올라타 장난스럽게 핸들을 돌리며 외쳤다. "빵빵~" 처음 만나 같은 지프차에 오른 낯선 우리들은 그렇게 어색함을 풀었다. 조드푸르 시내를 파랗게 물들인 푸른색 집들과 달리, 자이살메르의 집들은 아무 색도 칠하지 않은 천연의 황토색이었다. 블루 시티 조드푸르, 골든 시티 자이살메르!

동트기 직전 자이살메르의 모습은 황량함과 평온함 그 자체였다. 집도 gold, 땅도 gold, 자이살메르성도 gold였다. 이른 아침 개 짖는 소리만이 이곳에도 생명이 살고 있다는 신호를 보냈다. 숙소에서 정리를 마치고 도시 중앙에 우뚝 서 있는 자이살메르성으로 향했다. 조드푸르의 메헤랑가르성이 옛 왕실의 모습을 그대로 보존하고 박물관으로 활용되는 것과 달리, 자이살메르성은 세상과의 경계를 무너뜨리고 성안을 여행자 숙소, 식당, 상가 등으로 개방해 놓았다. 메헤랑가르성에서 왕의 위엄과 권위, 세속과 분리된 성스러움을 느꼈다면, 자이살메르성은 성과 속이 어우러지고 이 성의 주인은 바로 당신이라는 넉넉함을 느끼게 해주는 곳이었다.

도시를 조망하기 위해 성벽에 오르자, 인분과 가축들의 배설물들이 무질서하게 흩어져 있었다. 이젠 인도 어디서나 흔히 보게 되는 일상의 풍경들이다. 성벽을 따라 걸으며 자이살메르의 동서남북을 둘러보았다.

성곽 위에서 내려다본 자이살메르는 생각보다 규모가 컸다. 건물도, 언덕도, 어떤 막힘도 없이 사방이 터져 있었다. 멀리 보이는 것은 망망대해(茫茫大海)가 아닌 망망대사(茫茫大沙)였다. 하늘은 더할 나위 없이 맑았지만 먼 곳은 사막 먼지로 뿌옇게 흐려 있었다. 좋지 않은 시야와

달리, 가슴만은 뻥 뚫려 호연지기의 기운이 솟구쳤다. 거침없는 무한이었다. 역시 이곳은 사막 바람에 데구루루 제 맘 가는 대로 굴러다니는 모래알의 여유가 느껴지는 골든 시티였다. 사막 바람을 맞으며 나른한 기분에 빠져 있는데, 황색 성벽 아래 곤한 잠에 빠져 있는 개 한 마리가 보였다. 개 옆에 나란히 누워 로맨틱한 사진을 한 컷 찍을까 하고 다가가자, 요 녀석이 퍼뜩 고개를 쳐들었다. '아이고, 깜짝 놀라라.' 도시와 성, 한 마리 개는 죽은 듯 고요했지만 그 뒤에는 이렇게 생명력이 꿈틀거리고 있었다.

왜 하필 인도야

　성을 둘러본 후 내려오는데, 정문 바로 안쪽의 성벽 아래에서 외줄타기를 하는 아이를 보았다. 아이는 아빠가 치는 북소리에 맞추어 아슬아슬한 줄타기를 하고 있었다. 엄마는 공연을 보러 발길을 옮겨 온 관광객들에게 성의껏 관람료를 받았다. 사막 한가운데 고즈넉하게 홀로 솟은 옛 성의 성벽을 배경으로 외줄 타는 아이의 모습이 몽환 그 자체였다. 해가 이동하며 성벽의 그림자가 아래로 길게 드리웠다. 그림자까지 춤추게 하는 아빠의 북소리! 하지만 손님이 없는 오늘, 북소리의 그림자가 길고 처량했다.

거리의 단막극

　며칠 동안의 쉼 없는 여행에 지친 우리는 숙소에서 잠깐 짬을 갖기로 하였다. 나는 병오 형과 장호가 낮잠에 빠진 것을 확인하고, 옥상에 올라 거리를 내려다보았다. 그곳에서 두어 시간 동안 거리를 무대로 펼쳐지는 진짜 인도를 볼 수 있었다. 사거리 한복판에 서 있는 소와 그로 인해 밀려 있는 차들, 줄이 끊긴 연을 잡으려 몰려드는 아이들, 머리에

보따리를 이고 가는 붉은 옷의 세 여인과 라자스탄의 춤꾼을 보았다.

자이살메르의 거리는 생기가 넘쳐났다. 소가 도로를 막아도 자동차 운전자는 가만히 운전석에 앉아 기다리기만 했다. 기다림에 지치면 그제야 '빵' 하며 시끄럽게 경적을 울렸다. 소리에 놀란 소는 귀찮다며 어슬렁어슬렁 육중한 몸을 움직이기 시작했다. 게스트하우스 직원의 말에 따르면 거리에 나다니는 소들은 누군가의 소유물이라고 했다. 시내를 제멋대로 유유히 자적하다 해가 지기 시작하면 자기 집으로 찾아간단다. 인도 풍습에 따라 소고기를 먹지는 못하지만, 소에서 나오는 우유는 좋은 양식으로 쓰인다고 했다.

줄이 끊긴 연이 내가 묵고 있는 숙소 위로 날아들었다. 아이들은 건

물 1층으로 몰려와 손가락으로 나무에 걸린 연줄을 가리키며 나에게 소리를 질렀다. 아마도 연을 떼 달라는 것이리라. 하지만 연은 벌써 숙소의 나이 어린 직원의 몫이 되어 있었다. 내가 "돌려주어야 하지 않나?" 하고 묻자, "괜찮다"며 태연하게 대답하였다. 직원 아이가 제비 새끼처럼 건물 아래에서 고개를 쳐들고 있는 아이들에게 두어 마디 짤막한 말을 던지자, 아이들은 각자 제 갈 길로 사라졌다. 도대체 연의 소유권은 누구에게 있는 것인가? 연을 만든 저 아이의 소유인가, 아니면 건물로 날아온 연이니 건물주의 소유가 되는 것인가? 그 둘을 법정에 올려 시비를 가려야 하지 않을까?

저기 머리에 보따리를 이고 가는 세 여인은 누구의 부인일까, 딸일까? 가족의 생계를 위해 일터에 다녀오는 길일까, 저녁 먹거리를 시장에서 사 오는 것일까? 그녀 셋은 한 가족일까, 친구일까, 동네 이웃 아낙들일까? 미혼이라면 남자 친구는 있을까? 여기에서 청춘 남녀는 데이트를 어디에서, 어떤 식으로 할까? 결혼은 남녀의 자유연애를 통해서 할까, 집안 어른들의 언약을 통해서 할까? 결혼을 했다면 집에서 기다리는 애는 몇일까? 그 애는 엄마 없는 빈집에서 하루 종일 무얼 하며 보냈을까? 밤이 되면 가족은 방 안에 둘러앉아 하루를 어떻게 정리할까? 하루 동안 있었던 희로애락을 함께 나누며 이야기꽃을 피울까? 아이에게 엄마는 책을 읽어줄까, 옛날이야기를 들려주며 삶의 지혜를 전수해줄까? 남편은 아내에게 오늘도 고생했다며 위안의 속삭임을 건넬까? 딸 하나 더 낳자며 아내를 잠 못 들게 할까?

시답잖은 별의별 질문들이 머리에서 싹을 틔웠다. 혼자 웃고 혼자 답하며 웃고 또 웃었다. 자이살메르를 무대로 일일 연속극을 찍으면 어떨까? 우리 한국처럼 갈등과 반전을 거듭하는 흥미진진한 스토리의 드라마가 짜일까? 아니면 아주 단순하고 소박한, 똑같은 하루가 반복되는 밋밋한 드라마가 연출될까? 따지고 보면 욕망도 없고, 갈등도 없고, 실패와 좌절도 없는, 잡다한 사건이 없는 삶은 '지루한 드라마'처럼 재미없는 삶일 것이다. 우린 사사로운 일들에 고민하고 아파하며, '죽고 싶다', '못 살겠다' 징징거리며 살고 있다. 하지만 그런 삶을 극복하고 더 나은 삶을 추구하기 위해 몸부림치고 발버둥 치는 것이 역동적인 우리들 삶의 스토리가 아닌가? 잔잔한 바다의 삶을 지향하지만 내 마음에는 끝도 없이 격랑이 일고, 뿌리 깊은 나무처럼 의연한 삶을 살고자 하지만 바람은 시도 때도 없이 나무를 흔들어 댄다. 파도 없는 바다가 바다이겠는가? 바람 없는 나무가 나무이겠는가? 정적(靜的)인 삶은 이상이자

미래요, 동적(動的)인 삶은 현실이자 현재이다. 지금 이곳에서 나는 불
타오르고 요동친다. 풍랑이 몰아치고 광풍이 불어온다.

　가상 드라마에 한껏 심취해 있는 그때, 갑자기 어디선가 누군가를 부
르는 소리가 들렸다.

　"Hey, Hey…."

　이곳에서 나를 부르는 일은 없을 터, 마냥 거리를 바라보고 있는데
또다시 "Hey, Hey…" 소리가 들려왔다. 혹시나 나를 부르는 것인가 하
고 주변을 두리번거리니, 숙소 건너편 집 안에서 한 소년이 손가락으로
나를 가리키고 있었다. 열 살 안팎으로 보이는 소년은 나와 시선이 마주
치자마자, "Photo, Photo"(사진, 사진)를 외쳤다. 급하게 카메라를 찾아
들고 앵글을 비췄다. OK 사인을 확인한 소년은 마이클 잭슨이 환생한
듯 멋진 관절 꺾기 춤을 추기 시작했다. 자이살메르 야외 전당에서 펼
쳐지는 무료 특별 공연이었다. 나는 소년의 춤에 완전히 몰입되어 셔터
를 계속 눌러댔다. 순간 나는 한국에서 온 파파라치가 되어 있었다. 아
무 거리낌 없이 제 하고 싶은 것을 세상에 그대로 표현하는 아이의 순
수함에 눈을 뗄 수가
없었다. 언제 끝날지 모　　　　　자이살메르 거리의 춤꾼 마이클 잭슨이
르는 공연은 그의 엄마　　　　　긴 기다림 끝에 자신의 가치를 알아주는 사람을 만났다.
가 그를 무자비하게 끌
고 가기 전까지 계속되
었다. 소년뿐만 아니라
인도에서 만난 아이들

의 미소는 밝고 경쾌했으며, 하얗고 건강했다. 어쩜 인도 여행의 진수는 아이들의 눈빛과 미소에 있지 않을까?

도시의 야경을 보기 위해 자이살메르성에 올랐다. 누군가 우리를 보고는 정말 좋은 뷰포인트가 있다며 따라오라고 했다. 그를 따라 건물 옥상으로 올라가자, 자이살메르의 눈부신 야경이 나타났다. 하지만 눈부시다는 것이 우리가 흔히 생각하는 도시의 눈부심은 아니었다. 황색 사암으로 지어진 건물마다 작은 촛불 하나씩 켜 놓은 듯한 소소한 눈부심? 높은 언덕 하나 없는 평지에 만들어진 도시가 거친 숨을 몰아낸 채 잠들어 있었다. 우리를 안내해 준 젊은이가 누군가를 데리고 올라왔다. 그는 이 건물에서 카페를 운영하는 주인이었다.

"한국인입니까? 온 김에 차 한잔하고 가시죠?"

도시의 야경을 본 후, 성 밖으로 나와 시장을 거닐었다. 릭샤 한 대와 오토바이 한 대가 딱 교차할 크기의 거리에 작은 상가들이 따닥따닥 붙어 있었다. 사막 지역이라 다른 지역에서는 볼 수 없는 낙타 가죽 제품 등이 눈에 띄었다. 우리는 내일 낙타 사파리를 위해 귤, 토마토 등 과일을 사고 사막 바비큐에 넣을 감자를 넉넉하게 준비하였다.

오늘 낮, 자이살메르성 정문 근처에 있는 과일 가게에 들른 적이 있었다. 우리는 델리에서와 마찬가지로 그가 부르는 과일 가격에서 적정 수준의 디스카운트를 요구하는 흥정을 벌였다. 예를 들어, 과일 파는 상인이 오렌지 값으로 60루피를 부르면 40루피에 달라고 요구하였고, 결국 그 과일 가격은 50루피에 낙찰되는 식이었다. 운이 좋을 때는 우리가 부르는 40루피에 낙찰되는 경우도 있었다. 우린 그와 똑같은 방식으로 이 과일 가게 주인과 밀고 당기기를 시작하였다. 그런데 갑자기 밀당을 두어 번 나누자마자, 주인은 우리를 한심한 눈초리로 보면서 "너희들 한국인이지?"라고 비아냥대었다. 그의 비아냥거림은 한국 여행자에 대한 부정적 시선을 모두 담고 있었다.

우리는 여행을 오기 전에도, 인도에 와서 만났던 사람들에게서도 정석의 흥정법을 전수받았다. 어리숙하게 흥정하다가는 엄청난 바가지를 쓰게 된다고 하였다. 분명 똑같은 사과라도 현지인과 외국인에게 파는 가격은 차이가 있었다. 하지만 그런 차이라고 해 봐야 고작 10~20루피의 적은 액수였다. 고액의 기념품은 아니더라도 과일 정도의 가격은 알면서도 모르는 척 그들의 요구에 따르는 것도 좋지 않을까? 너무 경직되고 규격화된 여행 자세를 가지는 것 또한 여행자에게는 스트레스가 될 수도 있을 것이다. 또 들린다.

"너희들 한국인이지?"

어쩌면 이렇게 굳어진 거래 문화는 모두에게 손해일 것이다. 한국인은 더 깎으려고 할 것이고, 인도 상인은 최초 가격을 더 높이 부르려 하기 때문이다.

이제 내일이면 자이살메르 여행의 핵심인 낙타 사파리를 위해 사막으로 떠난다. 싱싱한 과일과 감자를 고르며, 낙타를 타고 사막을 거니는 상상에 기대감이 한껏 부풀었다.

JAISALMER

자이살메르

낙타 사파리 Camel Safari

그것은 있고 당신은 없는?

낙타 사파리 출발지로 떠나기로 한 지프차는 30분이나 늦게 출발하였다. 우리가 늦장을 부린 대가였다. 경상도 아가씨 둘과 안산에서 온 남자 둘, 그리고 우리 셋, 이렇게 7명이 팀을 이루어 낙타 사파리에 참가하게 되었다. 작은 지프차에 7명의 성인이 트렁크까지 꽉 들어찬 채 사막으로 향했다.

사막 초입에 들어서며 도롯가에 잠깐 차가 멈췄다. 아직 사막이 아닌 황무지 같은 곳에서 싱겁게 사진 몇 장을 찍고 돌아설 즈음, 그곳에 사는 어린 남매가 우리를 찾아왔다. 사막에서 살아가는 아이들과 반갑게 인사를 하고 잽싸게 차에 가서 오렌지 하나를 선물해주었다. 오렌지를 선물로 받은 누나의 얼굴이 오렌지 빛깔로 변했다. 아이들을 뒤따라 그들이 사는 집으로 가니, 갓난 아이를 안고 있는 엄마가 서너 살쯤 되어 보이는 아이와 함께 집에서 나왔다. 내가 준 오렌지는 우리와 사진을 찍은 아이들이 아니라 서너 살로 보이는 동생의 몫이 되었다. 그래도 누나와 형은 오렌지를 맛나게 먹는 동생의 모습을 태연하게 쳐다보며 환히 웃을 뿐이었다. 허름한 옷을 입은 채 아이를 안고 있는 엄마가 우리를 빤히 쳐

개의 허기가 적나라한 갈비뼈로
드러나 있었다.

다보았다. 얼룩덜룩 때와 먼지로 뒤범벅이 된 세 아이도 똑같이 우리를 바라보았다. 갈비뼈가 훤히 드러나 보이는 개만이 우리를 무시한 채 제 할 일을 하고 있었다. 우리는 이방인이었다. 엄마에게 양해를 구해 움막 같은 그들의 생활 공간을 들여다보았다. 방 안에는 최소한의 생계에 필요한 물품들이 너저분하게 쌓여 있었다. 이 척박한 환경에서 살아가는 그들의 삶이 사막을 닮아 건조해 보였다. 뜨거운 사막 햇볕에 물기가 모두 마른 듯, 미풍에도 날아갈 것 같은 삶이었다. 그들을 불편하게 하는 것 같아 일찍 작별 인사를 하고 뒤돌아왔다.

그런데 갑자기 병오 형이 왔던 길을 되돌아가더니, 그들의 손에 돈을 쥐여주고 왔다. 그냥 지나치기에는 마음이 불편했나 보다. 그들이 의도적으로 가난을 노출하여 동정심을 유도했건, 정당한 노동 없이 대가를

취하건, 병오 형에겐 중요하지 않았다. 이를 이미 다 알고 있을지라도 그저 마음이 저미어 오면 그 감정에 솔직할 뿐이었다.

다시 지프차에 올라 30여 분을 달리자, 사막에서 우리를 기다리고 있는 낙타와 낙타몰이꾼이 보였다. 이미 사파리를 마친 한 무리의 한국인들이 있었는데, 한 젊은 친구에게 "낙타 사파리, 어땠어요?"라고 물어보았다. 그는 고민할 틈도 없이 아주 간단하게 즉답을 했다.

"별로예요. 뭐 사람마다 다르겠지만."

자기감정에 솔직한 군더더기 없는 답변이었지만, 왠지 정제되지 않고 나오는 그의 무미한 말이 그리 달갑지 않았다. 나의 말이 상대방에게 어떻게 받아들여질지 잠깐이나마 살피고 표현하면 얼마나 좋을까? 사소한 말 한마디, 외면하는 눈길 하나가 얼마나 사람들의 마음을 무너뜨리고 관계의 단절과 혐오를 일으키는가? '나'는 '우리'라는 공동체 속에서 함께 살아야 하는 이상, 대부분의 말과 행동은 서로 공유되며 그 안에서 감정을 나누고 의미를 찾게 된다. 가감 없이 자신의 감정을 표현한 젊은이와 가까이에 있지만 너무 먼 곳에 있다는 느낌이 들었다. 나만 있고 너는 없는 느낌! 그것은 있고 당신은 없는 느낌?

우리의 에고나 자화상은 바람이 새는 풍선과 같다. 늘 외부의 사랑이라는 헬륨을 집어 넣어주어야 하고 무시라는 아주 작은 바늘에 취약하기 짝이 없다.

_알랭 드 보통, 『불안』

그들을 보내고 7명의 여행자가 낙타 등에 올랐다. 나를 태울 낙타는 아주 청순하고 어여쁜, 새침데기처럼 튕기는 매력의 암컷이었다. 나와

나를 사막으로 안내할 새침데기! |

잘 어울리는 한 쌍이 될 것만 같았다. 낙타몰이꾼은 낙타를 일으켜 세우기 전 우리에게 상체를 뒤로 눕히라고 했다. 그 순간 낙타가 뒷발을 일으키며 벌떡 일어섰다. 몸이 앞으로 튕겨 나갈 듯 무게중심이 앞쪽으로 쏠렸다가, 낙타가 앞발까지 들자 몸이 뒤로 벌러덩 밀려났다.

"오, 으악~ 이야호!"

5초 정도의 짧은 시간 동안 공포에서 희열까지 만감이 교차하였다. 일어선 낙타의 높이감이 생각했던 것보다 상당했다. 엉덩이를 실룩거리며 천천히 발걸음을 내딛자, 이번에는 낙상에 대한 두려움이 엄습했다.

낙타 세 마리씩 끈으로 연결한 후, 맨 앞에서 낙타몰이꾼이 우리를 태운 낙타를 사막으로 이끌었다. 사막 바람과 모래가 소리 없이 날리고 우리는 침묵의 행군을 시작했다. 낙타의 되새김질 소리, 시도 때도 없는 나오는 방귀 소리와 따다닥 모래로 떨어지는 응가 소리! 사막에서

왜 하필 인도야

유목하는 낙타, 염소, 양들이 보였고 야생 멧돼지와 수십 개의 풍차들이 나타났다 사라졌다. 낙타의 엉덩이가 들썩거리는 장단에 맞추어 내 엉덩이도 덩달아 춤을 추기 시작했다. 낙타 엉덩이의 리듬과 내 엉덩이의 리듬이 일치할 때 가장 편안한 낙타 사파리를 할 수 있다고 했다. 만약 '낙타 엉덩이 따로, 내 엉덩이 따로'가 되면 바로 몇 시간도 안 되어 우리의 엉덩이는 벌겋게 부어오르고 멍까지 질 것이다.

한 시간 정도 지나 배고픈 낙타들에게 먹이를 준다고 잠시 나무 그늘에서 쉬라고 했다. 사막 한가운데 둘러앉아 낙타몰이꾼 리더인 앨리가 주는 오렌지와 바나나로 허기를 달랬다. 앨리의 얼굴은 주름투성이였다. 나이가 궁금해 몇 살이냐고 묻자, 30살이라고 했다. 우리 모두는 이구동성으로 "에이, 거짓말!" 절규하며 뒤로 나자빠졌다. 50살 안팎의 나이로 추측한 우리의 예상을 완전히 뒤집는 반전이었다. 결혼도 하고 아이까지 있단다. 사막의 척박한 바람과 공기가 30살 청년의 얼굴을 50살로 만들어 버린 것이었다.

사막의 건물들은 기후를 고려하여 만든 1~2층의 단층이었다. 화장실을 찾기 위해 빈 건물을 찾았는데, 그곳은 지나가는 낙타가 잠시 쉴 수 있게 만들어 놓은 휴게소였

| 낙타의 실루엣이 평화롭기 그지없다.

다. 휴게소 옥상에 올라 끝도 없이 펼쳐진 사막을 넉넉히 조망하였다.

　배가 부른 낙타들이 도착하고 다시 길을 나섰다. 풍광이 똑같은 무료한 길을 계속 지나가다, 적당한 자리를 발견하고 모두 낙타에서 내렸다. 낙타몰이꾼이 해주는 점심시간이었다. 여행자들은 나무 그늘에 자리를 깔아 쉬었고, 낙타몰이꾼은 사막에 작은 구덩이를 판 후 주위에 있는 나뭇가지를 주워 불을 피웠다. 점심 메뉴는 커리와 짜파티였다. 짜파티는 밀가루를 반죽하여 만두피 모양으로 얇게 구워 먹는 것으로, 감자, 당근 등으로 만들어진 커리와 함께 먹는 것이었다. 육안으로는 날리는 모습이 확인되지 않는 미세한 모래 가루들이 날아와 짜파티를 만드는 밀가루 반죽과 함께 구워졌다. 오톨도톨 밀가루와 함께 씹히는 모래 가루의 식감에 묘한 매력이 있었다. 음식을 다 먹은 후에는 모래 가루가 수세미도 되고, 그릇을 헹구는 물도 되어 다용도로 쓰였다. 척박한 사막에서 유목민은 그렇게 모래와 함께 살아가고 있었다.

사막의 별은 어디에

　점심 식사 후 두어 시간이 지나 숙영지인 모래 언덕(dune)에 도착했다. 솔직히 사파리 출발지에서 모래 언덕에 도착하기까지의 사막은 내 상상 속의 모습이 아니었기에 꽤나 실망스러웠다. 깨끗한 모래가 오점 하나 없이 펼쳐진 사막을 기대했건만, 황량하고 척박한 땅에 듬성듬성 사막 식물들이 난잡하게 솟아 있는 사막을 보며 부푼 기대감이 실망감으로 변했다. 하지만 드디어 사진이나 영상에서 동경해 마지않던 바로 그 사막, 모래 언덕이 눈앞에 펼쳐지자마자 신발과 가방을 내팽개치고 가는 모래에 몸을 던졌다. 그리고 발을 모래에 푹푹 묻어가며 언덕 꼭 대기로 올라갔다. 눈앞으로 끝없이 곱디고운 모래의 향연이 펼쳐졌다.

'그렇지. 바로 이게 내가 알던 사막이지!'

천진난만한 아이가 되어 뛰고 구르고 눕고, 평상시에는 체면 때문에 취하지 않던 유치한 포즈까지 남발하며 사진을 찍었다. 그렇게 시간을 보내는 사이 가는 모래가 머리끝에서 발끝까지 침투했고, 난 본의 아니게 물아일체의 경지에 이르렀다. 모래 언덕에서 내려오자 구름 낀 하늘에서 빗방울이 떨어졌다.

'사막에서 비라니…. 그럼 오늘 밤 사막의 별을 볼 수 없는 건가?'

앨리가 어디선가 매트리스 깔개 같은 비닐을 가지고 와서 이 속으로 들어가 비를 피하라고 하였다. 그 속에 여섯 명이 들어앉아 두 팔을 위로 쭉 뻗어 비닐을 올렸다. 비닐 속에 어둠이 덮였고, 낡은 비닐에 듬성 듬성 뚫린 작은 구멍들에서 밝은 빛이 보이기 시작했다. 그리고 보았다. '사막의 별(The star of desert)!' 그 속에서 우리는 경박스럽지 않은 웃음으로 소곤거리며, 이 불편한 상황을 여행의 에피소드로 넘겼다. 여행자 7명 가운데 안산에서 온 젊은 친구 1명은 물갈이로 인한 심한 설사와 구토로 탈수 상태에 빠져 모래 언덕에 도착하자마자 돌아가야 했다. 델리에서 라면을 먹고 탈이 났다는데, 이후 며칠 동안 내내 설사만 했단다. 몸도 좋지 않은 상황에서 몇 시간이나 출렁이는 낙타 등 위에 앉아 있었으니, 얼마가 고통스러웠을까? 급하게 부른 지프차를 타고 그는 자이살메르 병원으로 향했다.

해가 지고 비는 그쳤다. 대신 사막 한가운데 모닥불이 올랐다. 우리는 모닥불 주위의 모래에 둘러앉은 채로 닭고기 바비큐 파티를 벌였다. 한국에서 가지고 온 소주를 비우고, 사막에서 산 맥주를 마시며, 술에 취하고 사막의 밤에 취했다. 사막의 암묵, 활활 타오르는 불꽃, 재가 되어 바자작 떨어지는 장작 소리, 이 모든 것이 우리의 의식을 집중시켰고 모두 침묵 안에서 각자의 세계로 빠져들고 있었다. 나는 동행자들에게 "이 먼 사막에서 우리 이야기를 한번 해볼까요?"라고 제안했다. 그리고 처음 만난 사람들에게 내어놓기 어려운 내밀한 사연들이 오고 갔다. 한 친구는 고지식한 아버지의 사랑이 구속이었고 이를 벗어나기 위해 집에서 멀리 있는 학교로 진학했단다. 사랑의 크기가 구속의 크기였다. 그녀는 눈시울을 적시며 아버지와의 갈등을 어떻게 풀어야 할지 그 길을 찾고 있었다. 한 친구는 졸업 후 어떤 삶을 살아야 할지 먹먹함을 얘기했고, 다른 한 친구는 어머니의 사랑에 보답하지 못하는 자신에 대한 책망을 털어놓았다. 그렇게 사막의 밤은 깊어만 갔다.

왜 하필 인도야

그리고 앨리가 마련한 잠자리에 누워 잠을 청했다. 잠자리라는 말이 어울릴까? 그냥 아무 모래 위에 담요 같은 것을 펴놓으면 그곳이 여행자의 잠자리가 되었다. 그 위에 각자 가져온 침낭을 펴고 하늘을 천장으로 이고 잤다. 우린 사막노숙자였다. 안타깝게도 우리가 잠자리에 누웠을 때는 하늘에서 별의 흔적조차 찾을 수 없었다. 별을 찾지 못한 나는 술의 힘을 빌려 깊은 잠에 떨어졌다. 한밤중 장호가 나를 흔들며 잠을 깨워도 대꾸도 하지 않은 채 잠을 선택했다. 다음날 장호는 어젯밤 사막의 별이 바로 눈앞에서 쏟아지고 있었다며 그걸 보지 못한 형은 내내 아쉬울 거라고 했다.

"난 괜찮아. 어제 비닐 구멍 사이로 순백 사막의 별을 보았거든."

JAISALMER

자이살메르

낙타 사파리 Camel Safari | 가디 사가르 Gadi Sagar

사막 유랑 악단 '구트'

나에게 사막에서의 새벽은 별의 낭만이 아니라 추위의 고통뿐이었다. 정말 추워도 너무 추웠다. 사막 한가운데 모래 위에서 동사(凍死)하지 않는 것만으로 감사히 여겨야 했다. 새벽 서리로 침낭은 축축이 젖어 있었다. 부스스한 몰골의 영락없는 인도 노숙자가 된 우리는 서로를 거울삼아 한숨지으며 웃었다.

물갈이 증세로 한 명이 아웃됨과 동시에 낙타 한 마리도 없어졌다. 하필 없어진 낙타는 내가 어제 타고 온 새침데기였다. 하긴 오면서 나의 새침데기는 연신 동그랗고 찰진 건강한 똥이 아니라 설사를 줄줄이 해대었다. 그녀의 눈은 전날 과음을 한 듯 풀려 있었으며, 몸은 허약한 여인처럼 바람에 비틀거렸다. 겉만 봐도 뭔가 불편해 보였건만, 역시 그

녀석도 아웃된 것이었다.

나는 다른 낙타에 올라타 외모 나이로는 70살로 짐작되지만, 실제 나이는 50살인 유쾌한 낙타몰이꾼의 인도로 숙영지를 떠났다. 올 때와는 달리 낙타몰이꾼이 덱~ 덱~ 덱~ 신호를 하

| 급조된 사막 유랑 악단 '구트'의 젊은 단원들!

면, 낙타가 콩콩거리며 달리기 시작했다. 엉덩이가 들썩거리는 순간, 나는 아라비아의 로렌스가 되어 있었다. 멀리 야생 사슴, 멧돼지가 나타날 때마다 낙타몰이꾼은 나를 보며 저기를 보라고 손짓하였다. 그때뿐 아니라 그는 낙타가 내달리기 시작하면 뒤돌아 "Good?" 하며 나의 행복 지수를 확인하였다. 내가 사타구니를 붙잡고 "I'm sick here. aya, aya~"(나 여기 아파. 아야, 아야~) 하며 얼굴과 몸짓으로 아파 죽는시늉을 하면 배꼽 빠지게 웃었다. 그러고는 먼 사막을 적적하게 바라보며 노래를 부르기 시작했다. 낙타 위에서 부르는 그의 노래는 매우 감미로웠다. 그의 뒷모습은 낭만과 풍류의 멋 그 자체였다. 나도 모르는 사이 그의 노래를 따라 부르기 시작했다. 모두 인도말이었기에 무슨 발음인지는 듣기 어려웠지만, 들리는 만큼 그의 노랫말을 흥얼흥얼 흉내 냈다. 독창에서 듀엣으로 노래가 바뀌자, 낙타 위의 풍경이 한층 더 매혹적

으로 변했다. 노래 하나가 끝나면 우린 마주 보며 환히 웃었고, 다른 곡을 부르기 시작했다. 콩짝콩짝 낙타의 엉덩이가 장단을 맞춰주었다. 그도 내가 맘에 들었는지, 이젠 나를 보며 물음표가 아니라 느낌표가 달린 "Good!"을 외치고 있었다. 우리는 일명 악단 '구트'를 급조하여 소박한 뮤지컬 공연을 계속 이어갔다. 관람권은 무료, 관객은 모래바람이었다. 빈자리가 하나도 없는 만석이었다.

지금 이 순간의 업(행위, 카르마)이 쌓여 미래를 결정한다. 과거는 이미 업이 되어 지나갔지만 그 업이 현재의 나를 만들었다. 현재 속에 과거가 녹아 있는 것이다. 또한 현재의 업은 나의 미래를 만들 것이다. 현재는 미래를 품고 있는 것이다. 품은 미래가 한 마리 멋진 새가 되어 자유롭게 비상할지 아닐지 또한 우리가 만드는 업에 달려 있다. 결국 지금 이곳은 모든 것이 모이고 흩어지며, 창조되고 파괴되는, 채우고 비워내는 나들목인 것이다. 낙타 등에서 나는 내면의 자유를 만끽하였다. 낙타몰이꾼은 영어를 하지 못해 의사소통이 전혀 되지 않았다. 하지만 우리는 눈빛으로, 웃음으로, 노래로 이미 많은 것을 나누고 있었다. 나는 이성의 이름으로 무엇을 찾아 헤매는 지적 호사를 집어 던지고, 이 시간 이곳에 나를 내려놓았다. 순간 내 안의 천념만상들이 삶의 찌꺼기가 되어 꽃비처럼 흩날렸다. 멀리 흩어져 날리는 나를 보며 나긋이 읊조렸다.

'그대여! 행복해지기 위해, 마음의 안식을 누리려고 여행도 하고, 몸부림도 치고, 도피도 하고, 혼자만의 세계를 찾아가면서 왜 지금 이 시간, 그대가 일상을 보내는 그곳에서 그대가 가진 것에 감사하며 행복하지 못하고 있습니까? 환영(幻影)을 버리고 당신이 바라는 삶을 지금 이곳에서 실천하십시오. 이 세상에 존재하고 있는 나의 전부를 품에 안고 웃고, 감사하고, 순리에 순응하며 소요하십시오. 어쩌겠습니까? 바람이 불면 흔들려야 하고, 뿌리가 뽑히면 날아가 다른 곳에 새싹을 피우면 되는 것이지요. 모두 우리 마음에 달려 있을 뿐입니다.'

쁘띠야 선생님, 빈 것? 아니 가진 것!

낙타몰이꾼에게 고맙다는 표시로 팁을 주고 자이살메르로 돌아가는 지프차에 탔다. 지프차에는 이미 다른 팀에서 낙타 사파리를 한 세 명의 러시아인이 타고 있었다. 그들 모두 눈을 감은 채 말이 없었다. 사막의 정적이 지프차까지 전염되었나 보다. 숙소에 돌아와 온몸에 달라붙어 있는 모래를 씻어 내고, 우리는 사막이 밤새 빼앗아 간 잠을 채웠다.

가뿐한 몸으로 잠에서 깨어 바로 근처에 있는 인공호수 가디 사가르로 갔다. 24시간 무료로 개방되지만, 밤이 되면 우범지대로 변해 출입을 자제해야 하는 곳이었다. 전해져 내려오는 이야기에 따르면, 이곳은 이 지역을 다스리는 마하라자를 사랑하는 한 여인에 의해 만들어졌는데, 왕실 여인들의 질투심을 사 사원으로 구조가 강제 변경된 곳이라고 하였다. 우리가 방문한 때는 저물녘이었다. 일몰의 풍경이 명품이었다. 계단에 앉아 인공호수 위로 붉은 꼬리를 길게 늘어뜨리고 내려앉는 태양을 바라보았다. 사막 위로 온종일 이글거렸던 태양이 쓰러지듯, 내 마음도 천천히 대지로 쓰러지기 시작했다. 뜨거웠던 태양이 사그라

들자, 구름이 만든 우물 안 깊은 곳에 덩그러니 달이 불을 밝혔다. 그 달무리가 하늘의 우물 밖으로 퍼져 나갔다. 하늘 우물, 천정(天井)이다. 오도카니 나의 의식을 천정에 집중했다. 그리고 우물가를 걸었다. 발을 헛디뎌 깊이 모를 우물에 떨어지면 언젠가 저 달에 이르게 될지도 모르겠지? 마음이 심연을 향해가며 어둠이 내면에서 일어나는 모든 움직임을 덮었다.

내일이면 자이살메르를 떠나 우다이푸르로 향한다. 내가 있는 이곳은 도대체 어디인가?

'머나먼 길을 돌아 넌 도대체 왜, 이 시간에, 이곳에 앉아 있는 것이냐? 마음이 가라는 대로 왔지요! 이젠 여기에 온 이유도 잊어버렸습니다. 모르겠어요. 지글지글 인도의 태양이 몸과 마음을 태우고, 달빛이 수고로움을 어루만지는 지금을 온전히 느낄 뿐입니다.'

가디 사가르, 호수로 모두 가라앉고 있었다.

사막에서 소진된 기력을 보충하기 위해 간만에 보양식 성찬을 주문했다. 우리는 주문한 음식을 테이블 위에 놓고 가는 쁘띠야를 붙잡아 잠시 자리에 앉혔다. 쁘띠야는 한국어를 잘하고 항상 친절한 웃음으로 우리를 응대해주는 23살의 젊은 직원이다. 우린 잠시 학생이 되어 그를 선생님으로 모시고 인도에 대한 즉문즉답의 강연회를 시작하였다. 인도에 대한, 인도인 쁘띠야에 대한 많은 이야기를 나누었다.

"예전보다 무슬림과 힌두교도 사이의 갈등은 거의 없고 이제는 사이좋게 지냅니다. 하지만 아직도 결혼은 어렵습니다. … 인도가 참 많이 좋아졌습니다. 이곳에도 수도와 전기가 모두 들어오지요. 이제는 웬만한 아이들은 모두 무료로 학교에서 교육을 받습니다. 총리가 누구인지는 모릅니다. … 가난한 인도인, 나쁜 인도인이 너무 많습니다. … 난 학교에 다닌 적이 없습니다. 나중에 여행자를 위한 숙소 하나 차리는 것이 소원이랍니다."

역시 사람에게 최고의 감동은 사람이다. 사람을 만나며 우리는 오감으로 느끼는 관광만이 아니라 인도를 알고 인도인을 이해하는 내밀한 여행을 하게 된다. 거리 강사 쁘띠야 덕분에 오늘도 인도 스토리의 한 문장을 써내려갈 수 있었다.

자신의 삶과 꿈을 이야기하는 쁘띠야의 모습에서 아기 같은 소박함이 번져왔다. 그는 어쩌면 우리의 기준이 아니라 생(生)의 절대적 기준으로 보았을 때, 우리보다 더 큰 행복감을 느끼며 살지 모른다. 우린 가진 것보다 빈 것을 갈구하며 살지만, 그는 빈 것이 아니라 가진 것에 감사하며 살고 있었다.

JAISALMER
자이살메르

파트완 키 하벨리 Patwan Ki Haveli

넌 누구에게 뜨거운 사람이었느냐

드디어 자이살메르를 떠나는 날이 되었다. 3박 4일간의 자이살메르는 인도라기보다는 여행길에 우연히 들리게 된 낯선 사막 도시라는 이름이 더 어울릴 것이다. 분명 이곳도 인도겠지만 머릿속에 그려놓고 있던 인도와는 차이가 있었다. 언제부터인가 난 갠지스강 앞에 앉아 요가와 명상에 빠져 있는 평화로운 수행자의 모습을 인도를 상징하는 정형적인 모습으로 생각하고 있었다. 하지만 델리의 거리뿐만 아니라 사막에서 만난 이 모두 인도의 한 땅에 터전을 잡고 그들만의 방식으로 환경에 적응하며 삶을 영위해가는 인도인이었고, 그 소소한 모습이 잔잔한 감동을 선사했다. 그리고 우연히 만난 거리의 사람들과 그들의 삶에 대한 감동 뒤로 슬며시 내 세계를 내려놓는 가난한 시간이 찾아들었다.

자이살메르성 안의 전망 좋은 티베트 식당에서 나와 닮은 동행자들과 함께!
"바람이 분다. 날아갈 것만 같다."

　귀족의 저택이었던 파트완 키 하벨리(Patwan Ki Haveli)가 있는 거
리를 찾았다. 자이살메르에는 무역으로 부를 축적한 귀족이나 부호들
이 조성한 주거지가 있었는데, 그중 대표적인 곳이 파트완 키 하벨리
다. 하벨리는 저택이라는 뜻이다. 하벨리 안으로 들어가려면 입장료를
받는다고 하여 먼발치에서 곁눈질로 거리를 훔쳐보았다. 그런데 길거리
에서 물건을 팔던 한 상인이 반가운 미소로 우리를 붙잡으며, 여기 2층
건물의 좁은 출입문으로 들어가 보라고 했다. 얼떨결에 그가 안내해 준
입구로 들어가 옥상으로 난 좁은 계단을 오르자, 자이살메르성과 도시
가 한눈에 들어오는 멋진 곳이 나왔다. 아마 이곳에서 귀족은 우리와
똑같이 왕이 살고 있는 성을 보았을 것이다. 귀족은 어떤 마음으로 성

을 바라보았을까? 왕에 대한 충정심으로 바라보았을지, 그를 견제하고 감시하기 위해 바라보았을지는 역사만이 대답해 줄 것이다. 가벼운 마음으로 건물을 둘러보고 입구로 내려왔다. 입구에서 이곳을 안내해 준 상인이 우릴 붙잡고는 자기가 공짜로 하벨리 전망을 보게 해주었으니 물건을 사달라고 하였다. 친절은 고마운 마음으로 받고, 대답은 미소로 돌려주었다.

이유야 어찌 되었건, 이곳에 들어왔으면 돈을 내야 해!

길을 잃었다. 우리가 있는 곳이 어디인지 알 길이 없었다. 대충 자이살메르성으로 가는 방향이라고 짐작되는 골목을 걸어가는데, 갑자기 달랑 책상 하나를 가져다 놓고 입장권을 파는 사람이 우리를 세웠다. 그는 당신이 있는 곳은 하벨리고, 이곳에 들어왔으면 입장권과 박물관 관람권 비용을 내야 한다며 도통 길을 열어주지 않았다. 길을 잃었다며 정중히 길을 열어달라고 했지만, 그는 막무가내로 돈을 내라고 다그쳤다.

"다시 한 번 얘기하지만, 관람을 위해 이곳에 온 것이 아니라 성으로 가는 길을 잃어버려 여길 지나가게 된 겁니다."

또한 박물관에 들어갈 생각이 없다고 했다. 그는 여전히 내 말을 들은 체 만 체 귓등으로 흘렸다. 한쪽이 수용하지 않으면 끝나지 않을 난감한 대화가 계속되었다. 결국 옥신각신하다가 그가 원하는 돈을 지갑에서 꺼내 줄 수밖에 없었다. 또한 이유야 어찌 되었든 하벨리 거리에 들어온 이상, 돈을 안 낸다고 고집을 피우는 것도 마음에 걸렸다. 하지만 보지도 않을 박물관 관람료를 내라는 것은 좀처럼 이해하기 어려웠다.

바로 그때, 2층 난간에 걸터앉아 이 상황을 처음부터 지켜보던 한 인도인이 나를 불렀다. 그가 입은 점퍼 왼쪽 가슴에는 'OO전기'라는 한국어가 새겨져 있었다. 그는 나에게 뭐가 문제냐고 물었고, 나는 매표하는 사람에게 한 이야기를 아주 간단하게 정리해서 설명해 주었다. 그는 내 말을 다 이해했다며 미소 짓고는, 매표하는 직원에게 인도말로 내 입장을 차분히 대변해주었다. 매표원은 고개를 갸우뚱거리더니 내가 준 금액 중 박물관 관람료를 환불해 주었다. 나를 도와준 인도인에게 감사의 눈인사를 하고 골목을 나왔다. 난처한 상황에 빠져 있을 때 누군가가 내민 도움의 손길이 이렇게 고마울 줄이야. '연탄재 함부로 발로 차지 마라. 너는 누구에게 한 번이라도 뜨거운 사람이었느냐!'

자이살메르성으로 가는 길, 장호와 나는 옷가게에 들러 〈알리바바와 40인의 도둑〉에 나올 법한 알라딘 바지를 입고 패션쇼를 벌였다. 옷을 입고 오두방정을 떠는 미안함에 우리는 위아래 한 벌씩 옷을 샀다. 인도 옷으로 탈의한 후 골목을 걸으니, 완벽한 인도인으로 탈바꿈되어 거리에 동화되었다. 아시아 어디를 가나, 나는 'look like' 얘기를 항상 듣게 된다. 태국 사람 같다, 캄보디아 사람 같다, 네팔 사람 같다, 인도 사람 같다. 처음에는 '~같다'는 말에 자존심도 상하고, 나도 엄연한 한국인이라고 항변했지만, 이제는 현지 사람 같다는 말이 들기에 거북하지 않다. 구태여 이곳에 와서 내가 한국인이라는 특별함을 내세울 필요도 없을뿐더러 한국이 이 나라와 달리 특별한 가치가 있다고 볼 수도 없기 때문이다. 단지 한국은 나의 모국으로서의 가치이자 자부심이지, 두 나라를 상대적으로 비교하여 우위에 둘 이유가 없다는 뜻이다.

자이살메르성 안에 전망 좋은 식당이 있다고 하여 찾아갔다. 티베트 요리 전문점이었는데, 한국인들의 입맛에 맞는 요리 때문에 인기가 많았다. 우리는 식당 옥상에 자리를 잡고 수제비와 비슷하게 생긴 뗌뚝과 만두를 닮은 모모를 주문하였다. 솔직히 음식 맛도 괜찮았지만, 그보다 풍경 맛이 더 맛깔스러웠다. 이제 자이살메르 여행을 마무리하며 맘 편하게 도시를 내려다보는 기분이 여운 그 자체였다. 뽀얗게 씻어 낸 햇살이 그림자 하나 없이 자이살메르 도시 위에 뿌려졌다. 햇살이 얼마나 깨끗한지 숨길 곳 없이 모든 것을 드러나게 했다. 거리의 사람들, 그리고 건물들, 눈 아래 있는 모든 것들이 해바라기를 하고 있었다. 바람이 녹턴을 연주하면 해바라기들은 바람에 몸을 맡겨 넋을 잃었다.

자유는 일상 속에서 함께할 때

옥상에서 혼자 인도 여행을 온 회사원을 만났다. 그는 매년 20여 일씩 가족과 함께 정처 없는 배낭여행을 떠난다고 하였다. 올해에는 가족을 두고 혼자 인도에 왔는데, 혼자여도 함께 있어도 좋다고 하였다.
여행은 많은 것을 뒤돌아보고 생각하게 한다. 몇 년 전 네팔 히말라야 여행에서는 설산과 만년설에 안겨 35년 내 삶을 반추해 보는 여행을 할 수 있었다. 3,000m 이상 고산 지대를 여행하면 하루에 조금씩 고도를 높여야 고산병을 피할 수 있기 때문에, 하루 트레킹 시간이 기껏해야 3~4시간 남짓밖에 되지 않았다. 그 나머지 시간은 세상에 홀로 내던져진 혼자만의 여행을 해야만 했다. 따뜻한 히말라야 햇살을 온몸으로 받으며 의자에 걸친 내 몸은 나른해졌고, 사유는 봄나물처럼 천천히 대지 위로 올라왔다. 아주 천천히, 어떤 자극도 방해도 없이, 나는 나 스스로에게 질문을 던졌다.

그로부터 수년이 흐른 지금, 나이 40이 넘으면 좀 더 지혜로워지고, 자유롭고, 너그럽고, 젊은 날처럼 억지스러운 삶의 거드름과 사치들이 없어질 것만 같았다. 아직 나이가 안 된 것일까? 나이를 허투루 먹은 것일까? 나는 지금도 매 순간 불안해하며 절망에 빠지곤 한다. 무심코 지나쳤던 사소함, 무관심, 버려짐, 외면의 대상들에게서 억눌러놓은 물음들이 작은 봉오리처럼 토옥 톡 터지기 시작했다. 그러면 양파의 껍질이 벗겨지듯 가슴이 매워 눈물을 흘렸다. 뭔가 의미 있는 삶을, 자유로운 삶을 살려고 발버둥 치는 것일까? 먹고살 걱정 없는 배부른 권태에 쓸데없이 시간만 허비하는 걸까? 구태여 뭔가를 안다 한들, 모른다 한들 그게 내 삶에 어떤 큰 변화를 일으킬 것인가?

이제 나는 더 이상 몇 살이 되면 ○○해질 것이라는 어리석은 생각을 하지 않는다. 그냥 지금처럼 마지막을 준비하는 그 시간까지 갈팡질팡, 요 생각 저 생각 뒤척거리며 살 것 같은 생각이 든다. 뒤숭숭하게 살 수밖에 없는 것이 우리네 삶 아닌가? 자유를 상실한 채 '정답' 하나 갖고 사는 허수아비의 삶보다 더 고독한 삶이 있을까? 도대체 모든 이들에게 삶의 표본으로 제시할 그런 허수아비 매뉴얼이 어디에 있단 말인가? 자유가 열려있고, 너의 선택이 모든 걸 결정한다는 의미를 갖고 있다면, 오늘 밤도 뒤숭숭 뒤척이며 답 없는 질문을 던지고 헤맬 것이다.

　생각해보면 나는 참 자유로웠다. 있지도 않은 무엇인가를 찾으려, 잡을 수 없는 것을 움켜쥐려고 울었던 젊은 그때 말이다. 허수아비가 되어 배역에 따라 움직이는 삶을 마음 아파하던 그때, 난 참 자유로웠다. 당시 나는 '내'가 될 자격이 있는지 묻고 고뇌하며 가슴이 미어지는 시간을 보냈지만, 홀로 자유를 찾아 떠도는 시간은 행복했다. 하지만 이제는 챙겨야 할 사람도, 해야 할 일도, 생각해야 할 것도 참 많아졌다. 그리고 나이가 차며 떠나는 사람과 시작하는 사람의 중간에 서서, 그들의 목소리를 날 것으로 듣는 시간이 부쩍 늘었다. 그들과 함께 부대끼며 깨달았다. 이젠 혼자가 아닌, 곁에 있는 이들과 '함께함' 안에서 진정한 자유를 찾아야 한다는 것을…. 그래서 나에게 '자유'란 그들에게서 벗어나 혼자가 되는 것이 아니라 혼자되려는 그를 잡아당겨 안아주는 것이요, 일상에서 도피하는 것이 아니라 일상 안에서 제 꼴에 따라 제 몫을 수행하며 모든 걸 사랑하는 것이 되었다.

　　살아가는 나날들의 80%가 평범한 일상이란 사실을 받아들이고 난 뒤부터 너무나 사는 게 행복합니다.

_빌헬름 슈미트

　자유는 일상 안에서 그들과 '함께함' 안에 있다. 내가 '당신'이라고 부르는 누군가가 나를 더 자유롭게 해줄 것이요, 나도 그 누군가를 더 자유롭게 해주는 '당신'이 될 것이다. 이제 난 일상에서 너와 함께 질문을 던지며 뒤척일 것이다. 너와 함께….

　다음 여행지인 우다이푸르행 버스를 타기 위해 버스 스탠드로 향하던 길에서 자이살메르에 뿌리를 내리고 살아가는 사람들을 보았다. 각자의 생업에 충실한 사람들이 있었고, 지난 세월을 추억하며 햇볕 아래 쉬는 분들이 있었고, 호기심 어린 눈으로 우릴 엿보는 아름다운 인도의 아가씨들과 학교가 끝나고 집으로 돌아가며 조잘대는 학생들, 먼지 날리며 천방지축 뛰어노는 어린아이들이 있었다. 여행은 길 위를 걷는 것이다. 길가를 두리번거리는 것이다. 그리고 길에서 만나는 것이다. 여행은 탈선이다. 기차 철로가 아닌 아무것도 정해진 바 없는 맨땅을 걷는 것이다. 담벼락 위에 빠끔히 머리를 내밀고 있는 젊은 인도 아가씨가 맨땅에 까치발을 세워 길을 걷는 날 보고 있었다.

우다이푸르행 2층 버스에 탔다. 2층은 모두 침대석이었고, 1층은 앉는 좌석과 침대석이 섞여 있는 구조였다. 우리는 2층 슬리퍼 좌석을 예약하였기에, 짐을 잘 정리하고 자리에 누웠다. 15시 30분 버스인데 내일 새벽 5시경에 우다이푸르에 도착한다고 하니, 무려 13시간 반을 이곳에 누워있어야 했다. 그래도 우다이푸르에 대한 기대감과 처음 타보는 침대 버스의 재미로 좁은 공간의 불편함은 감수할 만했다. 그런데 나를 불편하게 만드는 복병은 다른 곳에 있었다.

차는 자주 정차했는데, 정차할 때마다 수많은 사람이 타고 내렸다. 특히 해가 저물기 시작하는 퇴근 시간 때가 되자, 1층 복도는 서 있는 현지인으로 발 디딜 틈 없이 가득 찼다. 그 순간 2층 슬리퍼 칸에 누워 있는 우리는 비좁은 만원 버스의 커튼 뒤에 숨어 자신의 안락만을 생각하는 파렴치한 놈들이 되어 있었다. 다행히 커튼이 쳐져 있어 그들과 마주하고 있어야 하는 불편한 상황은 없었다. 결코 커튼을 열어 현지인의 모습을 확인할 용기가 나지 않고 좌불안석 식은땀만 흘렸다. 눈이라도 마주치면 어쩌지? 같은 버스에 다른 장면이 겹치는 옴니버스였다. 그 순간 상상의 유혈 쿠데타가 그려졌다. 갑자기 어떤 인도인이 외친다.

왜 하필 인도야

"여러분, 여긴 인도입니다. 저 외국인들이 뭐라고 2층에 누워 편하게 갈 자격이 있는 것입니까? 우리는 우리 속에 억지로 집어넣은 가축처럼 숨도 편하게 쉬지 못한 채 서로 끼겨서 이동하는데 말입니다. 다 끌어 냅시다. 어떻습니까?"

이것만이 아니라 다른 호러 무비도 곧 시작되었다. 바로 버스 운전사의 난폭운전이었다. 적막한 밤에 울려 퍼지는 요란한 경적 소리와 차선을 넘나들며 좌로 우로 정신없이 돌려대는 핸들링에 잠을 잘 수가 없었다. 장거리 슬리퍼 버스는 운전사의 피로를 염려해 두 명이 교대로 운전하였다. 그래서 운전석 뒤에는 별도의 좌석이 있고, 그곳에서 다른 운전사가 자신의 순서를 기다렸다. 오늘 이 차의 운전사 둘 중 하나는 분명 도로의 난폭운전자일 것이다. 우린 상상했다. 기질 자체가 매우 호방한 사람이던가, 아니면 음주 운전을 하는 것이 분명하다고. 그뿐만 아니라 창문 틈새로 씩씩거리며 들어오는 바람 또한 훼방꾼이었다. 아무리 창문을 꽉 닫아도 다시 열리고, 그 틈새로 차창 밖의 매서운 밤바람이 으르렁거리며 버스 안으로 돌진하였다. 우리가 누구인가? 이런 상황을 대비하여 한국에서 준비한 테이프로 창문을 완전 봉쇄하였다. 대공사를 끝내고 병오 형과 나는 너털웃음을 지었다.

"야, 여기 인도잖아."

UDAIPUR

우다이푸르

시티 팰리스 City Palace | 작디쉬 만디르 Jagdish Mandir |
몬순 팰리스 Monsoon Palace

방가방가 뚱땡이

우다이푸르 도착 시각은 새벽 4시 50분! 여명의 조짐 하나 없이 어두운 버스 스탠드 주위에는 흥정을 거는 릭샤 왈라들만 보였다. 제법 비싼 금액에 새벽 릭샤를 잡아타고 미리 점찍어 놓은 게스트하우스로 갔다. 힘껏 두드리는 노크 소리에 잠이 깬 직원은 방이 없다며 다시 문을 닫았다. 허탈한 마음 때문일까? 몇 배로 무겁게 느껴지는 배낭을 메고 새벽 거리를 서성였다. 때마침 지나가던 릭샤 왈라가 어디를 가냐고 물었다. 대안으로 생각해 놓은 다른 게스트하우스 이름을 대자, 타라고 하며 적당한지 아닌지 모를 금액을 요구하였다. 새벽 5시, 우리가 있는 곳이 어디인지도 모르는 상황에서 무엇을 망설이겠는가?

"OK. 갑시다."

가방을 짐칸에 싣고 출발한 지 3분도 안 되어 릭샤 왈라는 다 왔다며 내리라고 했다. 걸으면 10분도 안 걸리는 가까운 거리를 가는데 그 요금을 요구하다니, 우리가 속은 것이었다. 이런 사기꾼 같으니라고. 어쩐지 한국에서 왔다고 하자, 어설픈 한국어로 "방가방가 나도 한국인 친구 있어요" 하며 능청을 떨 때부터 뭔가 의심이 갔었다. 인도를 다녀온 뭇 여행자들 사이에서 회자하는 말이 떠올랐다.

"인도에서 과도한 친절을 받으면 반드시 의심해 보아야 합니다."

이후 장호와 나는 그를 이렇게 불렀다. '방가방가 뚱땡이 녀석!'

우여곡절 끝에 숙소에 들어가 버스에서 제대로 못 잔 잠을 청했다. 얼마나 잤을까? 커튼 사이를 비집고 들어온 강렬한 햇빛에 눈이 뜨였다. 창을 열자, 바로 앞에 느린 인도를 닮은 피촐라 호수가 유유히 흐르고 있었다. 여기는 인도 최고의 신혼여행지인 호반 도시 우다이푸르이다.

아침 식사를 간단히 하고 우다이푸르의 상징인 시티 팰리스로 출발하였다. 골목골목을 돌아 시티 팰리스로 가는데, 뒤에서 "헤이!" 하며 아침의 그 방가방가 뚱땡이 녀석이 쫓아왔다. 저 녀석, 귀신은 안 잡아가고 뭐 하나? 그는 또다시 우리에게 다가와 방가방가하였다. 우리가 시티 팰리스에 간다고 하니, 자기를 따라오라고 했다. 가는 중간에 병오 형이 한국에서 현지 아이들에게 주려고 챙겨온 볼펜을 꺼내자, 그는 능구렁이 같은 언변으로 모든 펜을 강탈(?)해 갔다. 아, 방가방가 녀석! 그는 우리를 시티 팰리스 입구까지 안내한 후, 바로 앞 골목에 자기 부인이 운영하는 가게가 있다며 잠깐 들르자고 했다.

'그만, 제발 이제 그만! 너하고의 악연은 이것으로 끝내고 싶다.'

 시티 팰리스(City Palace)는 우다이푸르의 건설자인 우다이 싱 2세
(Uday Singh II)가 처음으로 건축한 뒤, 이후 마하라자들에 의해 계속
증축된 궁전이다. 궁전의 본관 건물은 박물관으로 사용되고 있으며, 그
외 건물은 왕실 가족이 거주하거나 방문객을 위한 호텔로 사용되고 있
었다. 박물관에 들어가 친절하게 표시된 화살표를 따라가며 왕실과 관
련된 다양한 전시물을 보았다. 특히 이전에 방문했던 다른 성과 달리,
거울 세공 작품들이 눈에 많이 띄었다. 조드푸르와 자아살메르에서는
궁궐 창문 바깥으로 단조로운 황색 사막과 건물만 보였는데, 여기에서
는 한쪽에는 피촐라 호수가, 반대편에는 우다이푸르 시가지가 시원스
레 펼쳐졌다. 이곳의 왕은 아침에 기지개를 켜는 것만으로도 극락왕생
의 기분을 느꼈을 것이다. 풍광 하나만큼은 최고였다. 특히, 피촐라 호

수 한가운데에 홀로 솟아 있는 레이크 팰리스가 한눈에 들어왔다. 레이크 팰리스는 1754년 자갓 싱 2세가 무인도였던 작 니와스에 지은 왕실의 여름 호반 궁전으로, 현재는 민간 회사에서 매입해 최고급 호텔로 활용되고 있었다. 주말과 같은 황금 요일에는 예약을 잡을 수 없을 정도로 최고의 인기를 구사하고 있다고 하였다. 가격도 어마어마하다는….

시티 팰리스에도 조드푸르의 메헤랑가르성처럼 많은 학생이 현장체험학습을 나와 있었다. 전시장을 둘러보는데, 갑자기 아이들의 '와~' 하는 함성이 들렸다. 무슨 일인가 호기심에 가 보니, 한 외국 여성이 쉬고 있는 아이들의 모습을 카메라로 찍을 때마다 아이들이 환호성을 지르며 갖가지 포즈를 취하는 것이었다. 내 어찌 가만히 있으리? 나는 스마트폰을 집어넣고 DSLR 카메라를 꺼내 들어 학생들을 찍기 시작했다. 무자비한 카메라 난사에 아이들은 일어나고 쓰러지고 웃고 소리 지르며 오두방정을 떨었다. 옆에 앉아 있던 인솔 교사도 그 광경이 재미있는지 환하게 웃으며 손을 흔들어 주었다. 오늘 시티 팰리스의 주인공은 왕이 아니라 아이들이었다.

네 고수의 북소리에 맞춰

세상을 보고 사람을 보며 온몸으로 기쁨을 표현하는 인도 아이들의 미소가 한편으론 마음을 무겁게 하였다. 인도 아이들의 모습과 함께 요즘 한국 교실에서 만나는 아이들의 모습이 떠올랐기 때문이다. 예전과 달리 요즘에는 많은 청소년들의 얼굴에서 생기 있는 미소를 찾기가 어렵다. 입시 위주의 교육제도, 급변하는 가족과 사회 환경, 개인주의로의 의식 구조 변화 등 많은 복합적 이유가 작용한 결과일 것이다.

또한 진귀한 풍경 하나가 있다. 휴식 시간에도, 밥을 먹으면서도, 소풍을 가서도 스마트폰 화면만 뚫어져라 보고 있는 아이들의 모습이다. 스마트폰에서 별다른 수고로움 없이 쉽게 정보를 얻고, 가상의 세계에서 노닐고, 게임의 주인공이 되어 한 판 신나게 논다. 스마트폰 세계에서 그는 항상 주연이 된다. 하지만 스마트폰을 덮었을 때, 그는 다시 현실 속의 자신을 확인하게 된다. 그는 주연에서 카메오로 배역이 전환된다. 그리고 생동감 있는 미소는 냉소와 무기력으로 바뀐다. 가상 세계의 주연이 아니라 현실 세계에서 주연이 될 아이들이 아니던가? 잘못된 시나리오에 따라 그의 무대는 전이(轉移)되어 있었다. 아이들이 문제인가? 스마트폰이 문제인가? 그럼 아이들을 데려다 교육만 잘하면 되는가?

"이것은 옳은 것이고 저것은 그른 것이야. 알겠지?"

아니면 학생들의 스마트폰 사용 범위를 법으로 강제하기만 하면 될까? 우리 아이들에게서 인도 아이들의 미소를 보고 싶다. 행여나 그런 미소를 되찾아주겠다며, 우리는 또 아이들에게 이렇게 얘기하진 않을까?

"스마트폰 끄고 공부나 해! 열심히 공부하면 사람답게 살 수 있어."

교탁 위에 서서 아이들을 보면 참 마음이 아프다. 교사가 아닌 아이들보다 먼저 살아온, 지금과 같은 사회를 만드는 데 일조한 선배로서 미안하다. 그래서 자주 꿈을 꾼다. 지금 사회 체제와 교육 시스템을 부정하는 꿈이 아니라 그냥 아이들에게 편하게 삶을 물어보는 꿈, 정답이 아니라 질문을 던지는 꿈 말이다.

"넌 뭐가 좋아? 뭘 하고 싶니? 언제 제일 행복해? 어떻게 살고 싶어?"

그럼 아이들도 온몸으로 웃지 않을까? 교사는 처절하게 현실적이어야 하지만, 그 가슴은 몽상가이어야 한다.

> 어떤 사람이 자기의 또래들과 보조를 맞추지 않는다면, 그것은 아마 그들과 다른 고수의 북소리를 듣고 있기 때문일 것이다. 그 사람으로 하여금 자신이 듣는 음악에 맞추어 걸어가도록 내버려두어라. 그 북소리의 음률이 어떻든, 또 그 소리가 얼마나 먼 곳에서 들리든 말이다. 그가 꼭 사과나무나 떡갈나무와 같은 속도로 성숙해야 한다는 법칙은 없다. 그냥 남과 보조를 맞추기 위해 자신의 봄을 여름으로 바꾸어야 한단 말인가?
>
> _데이비드 소로우, 『월든』

각 사람에게는 각자의 고수가 있다. 자신의 내면에서 들리는 고수의 북소리에 박자와 리듬을 맞출 때, 나의 속도로 걷고, 나의 글을 쓰고, 나의 노래를 부를 수 있다. '밖이 아니라 네 안의 북소리를 들어 봐.' 그 순간 우리는 더 이상 뒤처진다고 속상해하거나 쫓기지 않고, 영혼의 풍요와 가난에 너울거리며 북소리에 맞춰 춤을 추게 될 것이다. 각 아이에게도 각자의 고수가 있다. 우리는 아이들에게 어떤 박자에 맞추어 살라고 해야 할까?

"얘들아! 행복해지고 싶니? 행복해 보이고 싶니?"

어른으로 산다는 것은 참 쉽지 않다. 지식이 쌓이고 삶의 경험이 많아질수록 나에게는 관대하고 남에게는 인색해진다. 나의 문제가 분명한데도 남의 문제에만 집중하고 그들에게 책임을 전가한다. 수많은 자기계발서와 처세술, 마음의 안식을 주는 비결을 알려준다는 베스트셀러를 읽으며 위안을 받으려 하지만, 그저 자신의 상처 난 마음을 잠시 위로받을 뿐 근본적인 나의 문제를 바라보지 못한다. 그 속에는 문제의 중심인 내가 없기 때문이다. 위로받아야 하는 '나'는 있지만, 가혹하게 반성하고 채찍질 당해야 하는 '나'는 없다. 뭘 하든 나는 선의의 피해자요, '괜찮아?'라는 말로 관심받아야 할 대상이다. 문제는 모두 '너' 자신 안에 있을지도 모르는데 말이다.

아이들에게도 이렇게 말해야 할까? 너희의 아픔은 우리가 아닌 다 너희의 잘못 때문이라고? 오늘만은 아이들에게 이런 얘기를 해 주고 싶다.

'너의 고수와 나의 고수는 달라. 각자 자신의 음악을 들으며 자신의 속도로 달리는 거지. 이젠 내 음악을, 세상의 속도를 강요하지 않을게. 내 음악과 세상의 속도를 이해하지 못하는 너희들의 문제가 아니라, 내 음악을 들으라고 세상의 속도에 맞추라고 닦달하는 우리가 문제였어. 너의 봄을 여름으로 바꾸려 하지 않을게.'

힌두 사원 '작디쉬 만디르' 앞의 한 여인.
신과 나란히 앉은 그녀는 평온했다.

시티 팰리스에서 나와 외국인에게 개방되는 소수의 힌두 사원 중 하나인 작디쉬 만디르에 갔다. 사원의 건물 외벽에는 무희, 코끼리 등의 조각들이 정교하게 새겨져 있었고, 예배당 안에서 울려 퍼지는 힌두교도들의 노래와 박수 소리가 낮게 깔리며 성스러운 분위기를 자아냈다. 여성들이 삼삼오오 예배당에 앉아 부르는 단조로운 가락의 노래는 나의 종교적 기질과 궁합이 딱 맞아 순식간에 무아지경에 취해버리고 말았다.

피촐라 호숫가에 앉아 있는 우리를 보고 이불을 어깨에 두른 여자아이가 다가왔다. 잠시 눈치를 보는가 싶더니, 무표정한 얼굴로 손을 벌렸다. 돈을 달란다. 돈이 없으면 먹을 거라도 달란다. 우리는 애써 외면했다. 우리의 도움이 아이에게 어떤 도움도 되지 않을 것이며, 거꾸로 아이의 삶을 망칠 수도 있는 것임을 알기 때문이다. 미안할 정도로 거절을 반복했지만, 아이는 상관없다는 듯 계속 우리를 쫓아왔다. 게다가 어디서 나타났는지 품에 어린아이를 안은 엄마까지 구걸에 동참했다.

왜 하필 인도야

작디쉬 만디르까지 쫓아온 아이를 더 이상 외면할 수 없어 나와 장호는 그동안 걸인을 무시해왔던 원칙을 꺾을 수밖에 없었다.

아이는 성공을 예감했는지 손으로 상점에 진열된 콜라를 가리켰다. 우리는 가족의 배고픔을 덜어줄 요량으로 탄산음료가 아닌 빵을 사서 아이에게 건네주었다. 그런데 감사해 할 줄 알았던 아이의 표정이 가관이었다. '뭔 빵이냐. 내가 언제 빵을 달라고 했냐?'는 원망과 짜증이 제대로 난 표정을 짓고 있었다. 아이는 우리에게 주문을 한 것이지 구걸을 한 것이 아니었다. 주문은 콜라였는데, 이 답답한 외국 얼간이들이 빵을 주니 얼마나 화가 나겠는가? 아이는 툴툴거리며 빵을 싼 신문지를 빼앗듯이 잡아채고는 인사 한마디 없이 엄마가 있는 호숫가로 향했다. 뒤에 남은 우리는 쓴웃음만 지을 뿐이었다.

릭샤를 잡아 우다이푸르 최고의 전망대인 몬순 팰리스로 향했다. 산아래 몬순 팰리스 입구까지만 릭샤가 갈 수 있어, 매표소에서 입장권과 정상까지 우리를 데려다줄 택시비를 지불했다. 택시를 타고 10여 분 오르막길을 오르자, 정상에 닿았다. 정상에서 바라본 우다이푸르는 피촐라 호수 주위를 하얀색 건물이 장막처럼 두르고 있는 형태였다. 이곳은 화이트 시티, 우다이푸르이다. 뿌연 대기 때문에 확 트인 조망을 볼 순 없었다. 대신 인도에 들어와 처음으로 원숭이들을 만날 수 있었다.

인도 신혼여행지인 만큼 오늘만은 럭셔리한 식당에서 식사하기로 의기투합한 우리는 고급 레스토랑을 찾아갔다. 바로 호반에서 피촐라 호수의 석양을 바라볼 수 있는 전망 좋은 식당이었다. 인도 맥주로 목을 축이며, 저녁 식사 주문이 시작되는 18시 30분 이후 김이 모락모락 나는 탄두리 치킨을 먹는 행복한 상상에 취했다. 그런데 이런 기분을 알 리 없는 종업원이 와서 우리의 기대를 산산조각내고 말았다. 오늘은 토요일, 19시부터 모든 테이블의 예약이 이미 완료되었다며 그 전에 맥주를 모두 마시고 자리를 비우라는 것이었다.

유목민, 노마드(Nomad)

그곳에서 우리는 40대 초반의 연무 씨 부부를 만났다. 연무 씨는 결혼 4년 차에 접어드는 대기업의 인도 주재원으로, 델리에 4년째 거주 중이었다. 부부는 오래 만난 벗처럼 자연스럽게 우리와 합석하였다. 인도 현지 문화에 익숙한 그분들의 도움으로 예약이 안 된 화장실 옆 테이블로 자리를 옮겨 탄두리 치킨과 난 등 고급스러운 현지 음식을 즐길 수 있었다. 음식보다 더 큰 값어치는 따뜻한 사람과의 만남, 그리고 새로운 세계와의 만남이었다. 부부는 인도를 사랑했다. 우린 부부로부터 어떤 책에도 없는 생생한 인도 이야기를 들을 수 있었다. 그들은 베트남에서 피자와 파스타를 취급하는 이탈리안 레스토랑을 여는 꿈을 가지고 있었다. 그래서 조만간 한국에 있는 아파트도 팔고 직장도 그만둔 후, 피자 굽는 기술을 배우러 이탈리아로 갈 구체적인 계획까지 세워두고 있었다. 아니면 인도인들이 환장하고 먹는 빼빼로 사업을 벌일지도 모른다고 했다. 자녀가 아직 없는 그들은 델리에서 일이 없는 주말을 이용해 인도의 도시들과 태국, 몰디브 등을 여행하는 유목민이었다.

배낭여행에서만 만나게 되는 유목민들! 단 한 번의 삶을 누구보다 사랑하기 위해 매 순간 몸부림치는 그들 종족은 선택과 결단의 삶에 익숙하다. 다름의 가치를 훈장으로 생각한다. 마침표와 느낌표는 그들의 삶에 어울리지 않는다. 오직 쉼표와 물음표만을 좇는다. 만난 지 몇 분 만에 의기투합하여 동족의식을 나누면서도 절대 같음을 거부한다. 정착에 길들여진 나도 그들과 만나면, 불현듯 유목민의 피가 몇 방울은 마르지 않고 흐르고 있다는 것을 확인하게 된다. 그럴 때면 나도 유목민의 삶을 꿈꾼다. 하지만 나는 안다. 나라는 족속은 정착과 유목의 경계선에서 항상 눈치만 보고 있는 기회주의자라는 것을. 그저 경계선에 불안하게 걸터앉아 마음이 가라는 대로 갈 뿐이다. 경계선의 삶이 나에게는 가장 딱 맞는 옷이다. 삶의 양 극단을 선택할 용기는 천성으로 물려받지 않은 것을 어찌하겠는가.

　그분들과의 유쾌한 대화는 바람처럼 지나가는 여행객이 아니라, 인도

에 정착해 살아가는 시민으로 경험한 진짜 인도를 이해할 수 있는 기회였다. 그는 줄곧 인도를 보지 말고 인도인의 삶을 보는 여행을 하라고 충고했다. 인도의 맨얼굴을 있는 그대로 보라고 했다. 그는 우리에게 인도인의 일상과 삶의 방식에 관한 다양한 이야기를 해주었다.

"뭄바이에게 델리까지 철도를 건설하는 데 수십 년이 걸렸다는 얘기를 압니까? 살상을 거부하는 시크교도들의 요구에 따라 포크레인이 아니라 호미로 땅을 다지고 건설했다는 웃지 못할 이유 때문이랍니다. … 거지도 하나의 직업이고 카스트입니다. 그들을 불쌍하다고 여길 필요는 절대 없습니다. 할머니도 거지였고 엄마도 거지이고 자신도 거지가 될 것입니다. 누구도 자신의 비참한 삶에 대해 불만이 없어요. 그렇게 살게끔 이미 결정되어 있으니까요. … 인도인은 거짓말을 참 잘합니다. 그러나 그것을 결코 죄악으로 여기지 않습니다. 운명으로 생각할 뿐이죠. … 인도인을 더럽고 불결하다고 생각하면 안 됩니다. 얼마나 청결한지 다른 사람이 앉은 좌변기 위로 신발을 신고 올라가 볼일을 봅니다. 다른 사람의 궁둥이가 닿은 곳을 매우 더럽다고 여기기 때문입니다. … 인도인들이 제일 싫어하는 말은 'Are you happy?'(너 행복하냐?)입니다. 이 말은 비아냥거리는 말로, 자존심이 센 인도인은 큰 치욕으로 받아들이지요."

부부와의 대화는 식당에서 나와 숙소에까지 이어졌다. 게스트하우스 옥상에서 피촐라 호수와 그 위에 비친 화이트 시티를 내려다보며 소주잔을 다 비우고서야 긴 만찬이 끝났다. 몇 년 후 그는 인도에서 빼빼로 그룹의 회장이 되어 인도 빼빼로를 팔고 있을지도 모르리라. 어디에서건 그의 꿈과 행복이 모두 이루어지기를 소원한다.

왜 하필 인도야

UDAIPUR

우다이푸르

쉴프 그램 Shilp Gram | 피촐라 호수 Lake Pichola

인간미 넘치는 에로티시즘

인도 최고의 신혼여행지에서 나는 사랑하는 신부가 아닌 낯선 유목민과 첫날밤을 보냈다. 그 기분은 정말 짜릿했다. 오랜만에 느껴보는 감정이었다. 만나는 모든 사람을 이런 설렘으로 대한다면 삶은 건전한 에로틱이 될 것이다. 살짝은 수줍으면서도, 호기심으로 눈은 자주 가게 되는, 보일 듯 말 듯, 들킬 듯 말 듯, 모든 것이 외줄 타기처럼 조심스럽고 초조하게 되는 건전한 에로티시즘 말이다.

아침 일찍부터 누군가 방문을 두드렸다. 이곳에서 우리 방을 찾아올 사람은 없는데, 누구지? 어젯밤 과음으로 잠에 취해 있던 우리는 후다닥 옷을 걸치고 문을 열었다. 연무 씨 부부였다. 그들은 지금 우다이푸르의 명물 세밀화를 사러 간다며, 함께 가자고 했다. 우리는 세밀화 가게에 먼저 가 있으면 아침 식사를 간단히 하고 뒤따라가겠다고 하였다. 부부를 보낸 후 속을 풀기 위해 간만에 짜장 라면을 시켜 먹었다. 어떻게 같은 라면으로 이렇게 맛없는 맛을 낸 것인지, 꾸역꾸역 배를 채우고 더 뒤틀려 버린 속을 쓸어내리며 밖을 나서야 했다. 인도에는 한국 배낭족들이 많아 어느 도시에서든 라면을 쉽게 먹을 수 있었다. 어떤 이는 "외국에 나와서까지 꼭 한국 음식을 먹어야 하나?"라고 묻곤 했다. 그분들은 외국에 가면 반드시 현지 음식으로 끼니를 때워야 한다는 철칙을 지니고 있었다. 그래야 그 나라의 문화와 풍습을 더 깊이 느낄 수 있고, 그들과 하나가 되는 체험을 할 수 있다고 했다. 이유야 그럴싸하지만, 여행을 하며 한국의 음식과 향수를 잊어야 한다는 의무감을 꼭 가질 필요는 없다고 생각한다. 특히 인도에서는 말이다. 인도는 속삭인다.

'그냥 마음 가는 대로 먹어.'

세밀화 가게에 앉아 연무 씨 부부의 안내로 세밀화의 멋에 눈을 떴다. 세밀화는 힌두교의 다양한 신들, 인도의 역사적인 인물과 풍속, 동물 등을 표현한 것이 주를 이루었다. 돋보기를 쓰고 아주 세밀하게 그린 그림이 초보자의 예술적 감수성을 불러일으켰다. 나는 말, 낙타, 코끼리를 낙타 뼈에 그린 세밀화를 구입하였다. 종이에 그린 세밀화와 낙타 뼈에 그린 카멜본(Camel bone)의 가격 차이가 상당히 컸다. 부부 사랑 전도사 병오 형은 꽤 비싼 돈을 주고 타지마할의 주인공인 샤 자한이 뭄타즈 마할을 뒤에서 다정하게 안고 있는 세밀화를 구입하였다. 처음에는 샤 자한과 뭄타즈 마할이 각각 다른 코끼리에 올라탄 채 서로를 애틋한 눈빛으로 마주 보고 있는 세밀화를 구입하려 했는데, 이미 연무 씨 부부가 산 터라 어쩔 수 없이 다른 세밀화를 살 수밖에 없었다. 어디를 가나 병오 형의 아내 사랑과 부부 예찬은 식을 줄 모른다. 가끔 부부 사랑 전도사님의 말씀을 듣다 보면, 사랑의 경계를 넘어 19금 적색 에로로 아슬아슬하게 줄 타는 경향이 없진 않았지만, 그 속에는 아름다운 성(性)을 음지에서 양지로 꺼내 담론의 대상으로 삼고자 하는 인간애가 담겨 있었다. 나는 병오 형의 인간미 넘치는 에로티시즘을 사랑한다.

구입한 세밀화를 액자에 넣어달라고 부탁한 후, 릭샤를 잡아 장인 민속촌인 쉴프 그램으로 향했다. 이목구비가 시원하게 조합되어 있는 릭샤 왈라의 얼굴이 마치 간다라 조각상 같았다. 눈빛에서는 상대방을 압도하는 포스까지 느껴졌다. 장호는 카리스마 넘치는 릭샤 왈라에게 자이살메르성 안에서 산 선글라스를 선물하였다. 선글라스에 붙은 브랜드는 명품이었는데, 가격과 성능은 길거리 브랜드였다. 우리가 준 선글라스를 착용한 릭샤 왈라는 활짝 만개한 미소로 즉석 패션쇼를 벌이기 시작했다. 유독 도드라져 보이는 허연 이를 드러내며 본인 딴에 멋진 포즈를 취했다. 우리는 기고만장한 그의 모습을 카메라에 담았다.

"Oh, good. Haha, good~!"(오, 좋아. 하하, 좋아~!)

한순간 인도 볼리우드의 주연급 스타를 만난 듯 마음이 한없이 들떴다. 깃털처럼 가벼워진 우리와 달리, 그는 여전히 포스를 잃지 않은 채 꼿꼿이 운전대를 잡고 있었다.

옹골찬 사람

쉴프 그램은 신기한 곳이었다. 우리가 그들의 공연과 전시물을 보는 것이 아니라 거꾸로 그들이 우리를 보고 있는 것 같은 착각에 빠졌다. 주객이 전도된 느낌이라고 할까? 전통 가옥 앞에서 민속춤을 추는 무희의 격정적인 공연을

얼쑤, 좋다! 인도인의 흥도 보통이 아니다. |

보았다. 무희들을 보자마자, 나도 모르게 들썩거리는 어깨춤에 놀라 몸이 가는 대로 무대 위로 올라갔다. 얼쑤, 좋다! 펄쩍 뛰고 한 바퀴 돌고 얼굴 마주 보며 웃고….

현지인이 운영하는 로컬 한식당에서 점심을 먹었다. 이 식당에서 놀라운 일이 벌어졌으니, 바로 4년 동안 단 한 번도 음식 남기는 것을 본 적이 없던 환경주의자 병오 형이 잡채밥을 다 먹지 못하고 수저를 놓아 버린 것이었다. 우린 이 장면을 증거로 남겨 오래오래 놀림거리로 삼으려고 기념사진을 찍는 등 호들갑을 부렸다. 형은 우리의 호들갑에 아랑곳하지 않고 남겨진 음식만 멍하니 응시하고 있었다. 형은 애써 시선을 피하며, "모든 음식을 가리진 않지만 비위가 안 좋은 편이다. 음식 만드는 과정과 청결함을 생각하면 음식이 안 넘어간다"라며 자못 진지하게

변명을 늘어놓았다. 하지만 나는 남겨진 잡채와 상관없이 병오 형을 인간의 탐욕과 소비로 환경이 파괴되어 가는 것을 결코 용납하지 않는 곧은 사람이라고 생각한다.

사람들은 병오 형에 대해 이구동성으로 말했다. 그동안 살면서 이렇게 지행합일(知行合一)의 삶을 사는 사람을 본 적이 없다고. 내가 곁에서 본 형은 지행합일뿐만이 아니라 가슴으로 사람을 담고, 그들을 위해 눈물을 흘리고, 자신을 헌신하는 사람이다. '일회용 종이컵을 자제해 달라', '음식을 절대 남기지 말라', '인스턴트는 되도록 삼갔으면 좋겠다.' 등 형은 자신이 있는 곳에서 일상 속 환경 캠페인을 벌였다. 당연히 그런 말을 뱉기에 앞서 본인 스스로 그런 삶을 실천했다. 회식 후 집까지 먼 길을 걸어가며 아낀 택시비를 모아 기부를 하기도 했다. 어떤 이들은 이런 병오 형을 향해 "자기 혼자만 환경을 사랑하는 듯 티 낸다", "잘난 척하며 나댄다" 등의 비난을 하기도 했다. 이런 비난에 상처받을 만도 하건만 항상 형은 본인을 낮추며 응대했다.

"제가 부족해서 그렇죠. 죄송합니다. 그리고 사랑해요!"

내 딴에는 그런 형이 가끔 지나치게 우직하고 바보스럽게까지 보였지만, 그렇게 하지 않으면 안 되는, 그렇게 할 수밖에 없는 인품을 가진 분이기에, 나는 형을 보고 아무 말도 하지 못했다. 여행하는 도중에 농담 반 진담 반으로 "형, 그럴 수도 있는 거지, 너무 빡빡하게 그러지 마" 하면 그것을 마음에 담아 곰곰이 자신의 말과 행동을 성찰하였다. 형이 좋아하는 표현이 '옹골차다'이다. '옹골차다'는 사전에서 '다부지다, 야무지다, 단단하다, 오달지다, 알차다, 짱짱하다'와 유사한 의미라고 나온다. '올해는 이삭마다 벼알이 옹골차다'처럼 병오 형은 내가 아는 모든 사람들 중에 가장 옹골찬 사람이다.

봄 햇살 같은 포근함이 우리를 보드라운 솜털의 감촉으로 감싸 안았다. 우린 나른한 기분에 잠긴 채, 피촐라 호숫가에서 속된 말로 멍 때리는 시간을 갖기로 하였다.

"우리 잠시 인도 소가 돼 보는 건 어때?"

배낭여행의 묘미는 역시 스케줄에 얽매이지 않고 넋 놓고 자유를 만끽할 수 있다는 것이다. 호숫가 따뜻한 곳에서 잠들어 있는 소, 목욕하는 아저씨, 빨래하는 할머니와 머리 감는 아가씨, 그리고 인도 어디서나 빠질 수 없는 걸인의 구걸하는 모습이 보였다. 시선을 어디에 고정해도 유수 도시의 미술관에 전시된 명화보다 아름답고, 살아 숨 쉬는 명작들이었다. 빨래하는 할머니의 모습이 그지없이 아름다워 사진을 찍었다. 순간 셔터 소리에 놀라 고개를 든 할머니가 나를 빤히 바라보았다. 나의 따뜻한 시선과 달리, 할머니의 시선에는 나를 예의 없는 여행객으로

| 소는 무얼 보며 멍 때리고 있을까?

치부하는 못마땅함이 적나라하게 배어 있었다. 햇빛에 작게 열린 할머니의 눈빛과 있는 힘껏 빨래를 내려치는 방망이가 나에게 무언의 메시지를 보냈다.

"시방 뭐 하는 겨? 찍지 말랑께!"

나는 이런 여행이 참 좋다. 주제도 없고, 계획도 없고, 사진 찍고 서둘러 돌아갈 일도 없는 나사 풀린 여행 말이다. 난 홀로 어제 방문했던 힌두 사원 작디쉬 만다르를 다시 찾았다. 계단 꼭대기 왼편 오른편에 나란히 자리 잡은 코끼리 상 아래에 자리를 잡고, 형체도 이미지도 없는 곳을 보고 느끼고 음미하였다. 낯선 시간, 그리고 소리 없는 소음과 냄새 없는 악취가 날 세상의 이방인으로 만들었다. 사원 아래에서 한 아름 꽃을 사서 사원으로 향하는 인도 여인들을 보며, 그녀들에게 내 마음을 투영시켰다. 그 순간 나 또한 힌두교도였다.

병오 형이 액자로 만들어달라고 요청한 세밀화를 찾으러 가게에 갔다. 그런데 갑자기 주인 아들이 병오 형이 그렇게도 간절히 원했던 코끼리 위의 샤 자한과 뭄타즈 마할을 그린 세밀화를 꺼냈다. 이미 형은 꿩 대신 닭의 심정으로 산 다른 세밀화를 액자에까지 넣어 비용을 지불한 상태가 아니던가? 형은 그림을 보자마자 마음이 싱숭생숭해지기 시작했다. 세밀화 가게를 나온 형님은 빈 허공을 바라보며 긴 숨을 내쉬었다. 형은 우리에게 "괜찮다, 괜찮다" 했지만 결코 그렇게 보이지 않았다. 그로부터 한두 시간 내내 병오 형은 그렇게, 먹먹하게 인도 거리를 걸었다. 장호는 병오 형 옆에서 찜찜한 기분을 어떻게든 해소해주려고 했다.

"형, 바꾸러 가자. 내가 아는데 형은 나와 비슷해서 계속 찜찜할걸?"

결국 우리 셋은 그 가게를 다시 찾아 오전에 산 세밀화에 웃돈을 얹어 병오 형이 간절히 원하는 세밀화와 바꾸자고 했다. 부부의 사랑까지 들먹이는 우리의 애타는 호소에도 주인은 입을 꾹 다문 채 요지부동이었다. 불편한 침묵 뒤로 주인은 말문을 열었다.

"싸게 줄 테니, 이것까지 구입하는 게 어때?"

이래나 저래나 오늘은 병오 형에게 찜찜한 날이었다.

오늘 밤 기차로 우다이푸르를 떠나 타지마할의 도시 아그라로 향한다. 우다이푸르는 특별하고도 인상적인 형체를 가진 그 무언가를 찾는 여행자들에게는 그리 매력이 없는 도시일 것이다. 하지만 막 사랑에 빠지기 시작한 연인, 오랜 시간 동안 누룩을 넣고 발효시켜 만들어진 막걸리 같은 사랑을 해온 늙은 부부, 짝없이 온전히 홀로 된 시간을 만나기 위해 이곳을 찾은 싱글들에게 우다이푸르는 기대 이상의 큰 선물을 안겨줄 것이다.

게스트하우스에 맡긴 짐을 찾아 우다이푸르 시티역으로 향했다. 우리가 잡은 릭샤 왈라는 품에 어린 딸을 안고 있었다. 아빠 품에 안겨 작은 몸을 움츠리고 있는 딸을 보며, 훈훈한 가족애와 동시에 한국에 있는 아이들을 향한 그리움이 짙게 스며들었다.

"Your daughter is so cute!"
(당신 딸 참 귀엽네요!)

낯선 여행객에게 마음의 끈을 쉽게 풀어놓지 않는 아이에게 10 루피를 주며, "꼭 행복하게 살아야 해." 방긋 인사를 건넸다. 이 아이가 장성한 시기의 인도가 지금보다 더 행복한 나라가 되었으면 좋겠다.

아이가 땡그란 눈으로 밤 기차의 낯선 이방인을 신기한 듯 보았다.

취장사단(取長捨短)! 지금의 인도를 모두 부정하지도 긍정하지도 말고, 장점은 취하되 단점은 도려내는 미래가 기다렸으면 좋겠다. 하루하루가 다르게 인도가 변한다고 한다. 몇 해 전 인도에 다녀온 여행자는 이제 더 이상 인도를 보지 못할 것이라고 푸념하였다. 그가 본 것은 변화하는 인도가 아니라 정지된 인도일 것이다. 인도는 살아 있다. 인도 여행의 후기는 극 대 극이라고 한다. 정지된 인도를 원한다면 실망감이 클 것이요, 변화하는 인도를 편견 없이 바라본다면 경이로움의 연속일 것이다. 편견을 버리면 인도가 보인다.

AGRA

아그라

마탑 바그 Mahtab Bagh | 샤자한 파크 Shahjahan Park

새벽의 위대한 작업

새벽 아그라에 진입하며 듬성듬성 기찻길 옆에 앉아 있는 정체불명의 사람들을 보았다. 그들은 무념무상의 상태로 앉아 지나가는 기차를 보고 있었다. 도대체 뭐 하는 사람들일까? 유심히 살펴보니, 그제야 그들의 정체를 확인할 수 있었다. 아침 용변을 보는 인도인들이었다. 남녀노소 가리지 않고 그들은 정적 속에 앉아 있었다. 어떤 이는 이를 닦으며 일을 보았고, 어떤 이는 옆에 물동이를 놓고 일을 보았고, 여인들은 치마로 넓은 가림막을 만들어 일을 보았다. 외국인 여행자가 기차에서 쳐다보아도 그들의 위대한 작업에는 어떠한 방해물도 되지 않았다. 자연의 순리에 따라 그들은 태초의 배설을 하고 있었다. 인도에서만 볼 수 있는 유쾌한 장면들이 새벽 공기보다 더 상쾌하게 다가왔다.

그럼 나도 이 위대한 작업에 동참해 볼까? 인도 기차는 칸 사이마다 세면대와 화장실이 위치해 있는데, 화장실은 의외로 깔끔했다. 반짝반짝 빛나는 스테인리스 변기와 그 옆에 물을 담는 작은 바가지가 놓여 있었다. 휴지는 없었다. 쭈그려 앉아 일을 보면 그 배설물은 철로로 그대로 낙하하였다. 그런 다음

| 새벽. 기차는 섰고 사람은 탔다.

바가지에 물을 담아 인도식 뒤처리를 해야만 했다. 자연산 비데랄까? 비데 도구는 오른손인가? 왼손인가? 거창하게 인도 문화 체험이라 할지라도 차마 그런 풍습까지 따라 할 용기가 나진 않았다. 다시 기차 출입문을 개방하고 양쪽 손잡이를 잡은 채 밖의 공기를 들이마시려는데, 바로 앞에 또 위대한 작업에 임하는 그분들이 계셨다. 그들의 작업에 방해가 될까 두려워 조용히 자리로 돌아와 장호에게 위대한 작업의 비사를 전해주었다.

정오에 가까워질 즈음, 혼잡한 아그라 칸트역에 도착했다. 우리를 처음으로 반긴 것은 플랫폼까지 와서 호객을 하는 릭샤 왈라와 원숭이들이었다. 이곳을 방문한 많은 사람들은 아그라는 인도 최악의 관광 도시 중 하나이며, 질퍽거리는 호객꾼만이라도 없으면 그나마 나을 것이라고 했다. 역시나 플랫폼부터 줄줄이 따라붙는 호객꾼을 물리치느라,

또한 혼잡한 틈을 타 소매치기나 당하지 않을까 신경 쓰느라 정신이 하나도 없었다. 역 앞에는 프리 페이드(Free Paid) 택시 및 릭샤 부스가 있었다. 프리 페이드는 인도를 방문한 외국인을 대상으로 한 택시와 릭샤의 과도한 바가지를 막기 위한 인도 정부의 궁여지책이었다. 먼저 부스에서 구간별 정액으로 고정되어 있는 티켓을 산 후, 프리 페이드 릭샤 기사에게 현금이 아닌 티켓을 주면 되는 시스템이었다.

프리페이드 릭샤 티켓을 120루피에 끊고 타지 간즈로 갔다. 바로 아그라를 방문한 목적, 아니 우리가 인도를 찾게 된 이유 중 하나인 걸작 타지마할을 보기 위해서였다. 릭샤를 타고 가던 중 릭샤 왈라가 가리키는 왼편으로 눈을 돌리자, 타지마할의 서문 방향으로 하얀 지붕이 뭄타즈 마할의 속살처럼 파란 하늘을 향해 은근히 드러나 있었다. 신윤복의 '미인도'에서 한복을 입은 왜소한 젊은 여인이 치마 아래에 수줍게 드러낸 버선코를 본 듯, 나 몰래 가슴이 두근거리기 시작했다.

타지마할 동문 앞에 있는 호텔에 들어가 의례 절차인 방값 흥정이 시작되었다. 주인은 더블룸에 엑스트라 베드 하나를 넣어 1,200루피를 불렀다. 이제 웬만한 흥정에는 끄떡도 하지 않는 내성을 가진 터, 우리는 이구동성으로 비싸다고 대답하였다. 그러자 이미 우리들이 어떻게 나올지 다 알고 있었다는 듯 주인은 1,100루피를 불렀다. 그 정도면 되지 않을까 생각했는데, 그때 불쑥 우리 중 누군가가 1,000루피를 불렀다. 우리를 보며 대놓고 코웃음을 치던 주인은 한마디 말을 던지며 거래를 마무리했다.

"Are you happy?"

순간 우리 셋 모두는 넋을 잃고 말았다. 이틀 전 우다이푸르에서 만났던 연무 씨의 말이 떠올랐기 때문이다. 인도인이 제일 듣기 싫어한다는 말이 바로 그의 입에서 나온 것이었다.

"그래, (이렇게 깎으니) 행복하냐?"

그의 비아냥거림에 우리는 아무 말도 하지 못했다.

내일 타지마할과 아그라성을 볼 예정이었기에 편안하게 근교를 유유자적하기로 했다. 타지마할 바로 뒤에 흐르는 야무나강으로 가기 위해 골목을 헤매다 샤 자한 파크와 그 옆에 있는 타지마할 서문에 발길이 닿았다. 그곳에는 타지마할을 보기 위해 찾아온 현지인과 외국인이 뒤섞여 긴 줄이 이어져 있었다. 그들의 기다림과 표정을 보는 것만으로 흥미로운 관광 거리였다. 티베트 승려도 있었고, 전통 의상을 하고 온 일가족도 있었고, 노란 바지를 입고 문명물이 제대로 들은 아가씨와 우리 주위를 얼씬거리는 걸인 소년도 보았다. 이들 모두가 하나의 작품이었다.

타지마할도 작품이지만 타지마할을 향하는 이들 또한 하나의 작품이었다.

야무나강을 찾지 못할 바에는 타지마할 뷰포인트에 갈 요량으로 릭샤를 찾았다. 우리에게 다가온 깡마른 릭샤 왈라가 손으로 지도 한 곳을 찍으며, 바로 이곳이 타지마할 전경을 볼 수 있는 가장 좋은 자리라고 손가락을 치켜세웠다. 그는 그곳까지 가려면 다리를 돌고 돌아 멀리멀리 가야 한다면서 300루피의 요금을 불렀다. 게임이 또 시작되고 있었다. 밀고 당기고, 가는 척하다 다시 뒤돌아오기를 반복하였다. 결국 개인당 40루피씩 120루피로 합의를 보았다. 우린 여기에서 멈추지 않고, 그에게 100루피로 하자는 마지막 제안을 건넸다. 오늘 호텔을 잡으며 "Are you happy?"라는 말을 들었던 것이 방금 전이거늘, 얼마나 지났다고 벌써 그 수치의 기억을 잊어버린 것이었다. 그는 손님을 놓칠까 걱정이 되어 곧바로 제안을 받아들였다. 하지만 안쓰러울 정도로 표정이 썩 좋지 않았다. 자기 릭샤로 고개 숙인 채 뒤돌아가는 의기소침한 뒷모습에 마음이 짠하였다. 이것을 어떻게 해석해야 할까? 20루피를 더 깎은 것에 대한 흐뭇함보다 '그래, 이렇게 흥정하니까 정말 행복하냐?'라는 부끄러움이 밀려왔다. 우린 아무 말 없이 그에게 120루피를 건넸다. 그 또한 아무 말 없이 돈을 호주머니에 넣었다.

릭샤는 정말 조용하고 안락했다. 릭샤 왈라의 느긋한 운전으로 불안에 떨 필요도 없었다. 평소 탔던 릭샤 속도의 1/2로 달렸고, 앞차와의 간격이 멀어져도 절대 달라붙지 않았다. 누가 끼어들어도, 충돌 위험이 있어도 결코 경적을 누르는 일도 없었다. 그 순간 이곳은 인도가 아니었다. 도리어 우리가 '너무 늦게 가는 거 아니야?', '왜 그렇게 양보를 많이 해 주는 거지?'라고 답답하게 생각할 정도였다. 아스팔트 도로 공사로 차로에 차, 오토바이, 릭샤가 모두 뒤엉켜 버렸다. 가다 서기를 반복하며 주위를 둘러보니, 한 릭샤에 세 명이 넉넉하게 타고 있는 것은 우리 릭샤뿐이었다. 눈에 띄는 모든 릭샤는 최소 다섯 명에서 십여 명의 사람이 타고 있었다. 애, 어른이 뒤섞여 몇몇은 문밖으로 튕겨 나와 아슬아슬하게 손잡이만 잡고 위험천만한 이동을 하고 있었다. 그리고 덤덤히 우릴 보고 있는 그들과 눈이 마주쳤다. 셋이서 여유롭게 릭샤를 타고 가는 우리를 쳐다보는 그들의 눈빛에는 감정이 없었다. 그들과의 민망한 눈 맞춤을 피하기 위해 시선 둘 곳을 찾아 두리번거리다 딱 좋은 목표물을 발견했다. 거리에는 원숭이, 소, 돼지, 개, 염소들이 가득했다. 인도인들은 우리를 동물처럼 보았고, 우리는 진짜 동물을 보고 있었다. 진짜 동물은 사유능력이 없지만, 우리들은 외부의 반응을 해석하는 사유의 존재인 것이 비참할 뿐이었다.

덤덤한 사람들 틈에서, 좁아도 불편해도
우릴 보고 웃어주는 이들이 있었다.

죽은 자의 무덤 위에 산 자의 숨소리가

그가 우리를 데려간 곳은 메탑 바그(Mahtab Bagh)라는 정원이었다. 정원은 인도 속의 인도가 아닌 듯 매우 깔끔하게 정돈된 곳이었다. 문득 인공정원의 표본인 베르사유 궁전이 생각났다. 유유히 정원을 거닐고 있는데, 갑자기 장호가 "형, 저것 좀 봐!" 하며 큰 덩치에 요란을 떨었다. 평소 장호의 장난기를 잘 알고 있기에 지레 '원숭이겠지' 짐작하고 성의 없이 쳐다보았다. 장호가 손가락으로 가리키고 있는 곳을 보자마자, '와우!' 탄성을 지르며 뒤로 까무러칠 수밖에 없었다. 바로 그곳에 그것이 있었다. 뭄타즈 마할의 묘, 타지마할이었다. 인도에 가기로 마음

먹은 후, 타지마할이 위아래로 살랑살랑 움직이는 이미지를 스마트폰 배경화면으로 설정해 놓고 스마트폰을 열 때마다, 그리울 때마다 만남의 순간을 애틋하게 기다려왔다. 그런데 바로 지금 내 앞에 수개월 동안 살랑거리던 그 타지마할이 있는 것이었다.

법정에 회부된 프레네를 보고 있는 배심원의 기분이랄까? 프레네는 그리스의 최고 미녀로 추앙받는 창부였다. 그녀는 불경죄를 저질러 법정에 회부되고 당대 최고의 변호사인 히페리데스가 변호를 맡게 되었다. 드디어 재판이 열렸다. 히페리데스의 장황하면서도 논리적인 변론이 이어졌지만, 뜻밖에도 상황은 불리하게 전개되었다. 그러자 히페리데스

는 회심의 반전을 일으켰다. 바로 많은 배심원단 앞에서 프레네를 감싸고 있던 옷을 훌러덩 위로 벗겨낸 것이었다. 프레네의 알몸이 법정 한가운데 그대로 노출되었다. 그 순간 배심원단은 경악을 금치 못했다. 아름다운 육체에 매료되어 눈은 뒤집히고 정욕이 끓어올랐기 때문이다. 그리고 그들은 판결했다.

"아름다움은 무죄이다."

저 아름다운 육체를 보고 욕정이 타오르지 않을 이 누가 있으랴? 그대도 사람인가? 프레네를 감싼 천을 걷어내듯, 고개를 돌린 내 앞에 타지마할의 관능미 넘치는 복숭앗빛 속살이 드러났다.

"타지마할이여, 그대 또한 무죄이다."

어떤 것을 볼 때 첫인상이 아니라 시간이 지나면서 그 부드러운 아우라에, 세월 깊이 쌓인 시간의 흔적에 무젖어드는 감동을 느끼는 경우가 있었다. 또한 어떤 것은 첫눈에 반해버려 정신줄을 놓아버리는 경우도 있었다. 하지만 간혹 찰나의 미가 영속하지 못하고, 처음의 전율은 사라진 채 결점들만 도드라져 보이곤 했다. 어쩌면 이것은 유적이나 예술 작품 등의 사물이 아니라 사람에게도 그대로 적용될 수 있을 것이다. 젊었을 때는 첫눈에 반해버리는 사람을 찾았던 것 같다. 그것이 남자든, 여자든 말이다. 하지만 마흔을 훌쩍 넘긴 지금, 나는 가까이에서 희로애락을 공유하며 그의 은은한 생(生)의 향기에 취하고, 삶을 성찰하는 깊이에 놀라고, 다른 이를 배려하는 따뜻한 마음에 감동받는 만남을 그리워한다. 아니, 내 곁에 있는 소중한 사람들이 바로 그들일 것이다. 학교의 끈도 아니고, 혈연의 끈도 아니고, 필요의 끈도 아니고, 출세의 끈도 아닌 삶과 사람에 대한 사랑의 끈으로 나를 칭칭 동여맨 사람들! 그들이 곁에 있기에 나는 항상 외로워하고 그리워한다.

타지마할은 어떨까? 완전히 첫눈에 넋을 잃었다. 나의 동공은 세상 밖으로 튕겨 나갈 듯 확장되었고, 가슴은 통제 불능의 수준으로 요동쳤다. 히말라야 5,500m에서 오금을 저리게 했던 에베레스트와의 대면과는 전혀 다른 전율이 느껴졌다. 무엇인가를 처음으로 마주하며 이토록 충격적이던 적이 있었던가? 그냥 망각의 상태에 빠졌다. 코는 마비되었고, 입은 닫혔으며, 귀는 막혀버렸다. 오직 하나의 창만 열려 그 통로를 통해 타지마할을 직시하고 있었다. 사위(四圍)가 침묵하고 심장의 울림만이 정적이 죽음을 의미하는 것이 아님을 증거하고 있었다. 밀폐되었던 감각의 문이 다시 열리고, 나는 천천히 타지마할을 향해 걸어갔다.

대기가 매우 안 좋아 타지마할의 모습은 선명하지 않았다. 저물녘 일몰에 벌겋게 타오르는 낭만의 타지마할도 없었다. 때때로 선명한 화질의 TV가 보고도 싶지 않은 모든 것을 드러내는 것에 불편함을 느낀 적이 있었다. 배우들의 모공에서부터 주름 하나하나까지 보는 것이 여간 불편한 것이 아니었기 때문이다. 그저 '봄(seeing)'이 중요한 시대를 넘어 '섞임'의 시대가 온 것일까? 이제 사람들은 단순히 TV를 보는 것만이 아니라 내가 TV와 합일을 이루는 사실감과 입체감을 요구하기 시작했다. 갈수록 화질은 좋아지고 3D 기술이 나와 현실과 가상이 하나로 뒤섞였다.

하지만 섞임은 곧 순수함을 잃게 만드는 법이 아닌가? 영상을 보며 곁에 있는 사람과 두런두런 잡담을 나누고, 개똥 철학자가 되어 스토리를 해석하고, 하얀 줄이 그어지며 깜박거리는 TV 화면에 불평불만을 하던 잔재미와 소소한 즐거움들은 사라졌다. 채널을 돌리다 그나마 볼만한 정도의 깨끗한 화면이라도 찾으면 그것으로 행복의 충만함이 넘쳤던 스릴도 없어졌고, 지직거리는 소음이 뒤섞인 스피커 소리에서 내가 필요로 하는 음성만을 걸러내는 집중력도 사라졌다. 내가 보고 있는 타지마할은 아주 먼 옛 기억의 구형 TV였다. 그리고 나는 이 뿌연 화면에서 내가 필요로 하는 것을 세심히 찾기 시작했다. 모든 감각이 예민하게 깨어났다. 보이지 않는 곳은 나의 상상력에 의존했다. 그래도 좋았다. 타지마할은 그저 타지마할이고, 내 안의 그릇에 담기는 것은 온전히 나의 타지마할이었기 때문이다. 글로 표현할 수 없는 많은 상념들이 교차했다. 너저분하게 산재되어 있는 낡은 사고의 조각들을 집어던지고, 타지마할과 마주 앉아 있는 이 순간을 즐겼다.

타지마할과 뒷짐 진 인도인. 배경과 인물이 섞이지 않는다.

강을 경계로 성과 속의 세계가 나뉘어 있었다. 우리 앞에는 강 가까이 다가가지 못하도록 철조망이 쳐져 있었고, 그곳을 지키는 군인은 우리가 조금이라도 접근하려고 하면 호루라기를 시끄럽게 불어댔다. 철조망 안에는 타지마할의 전경에 그려져서는 안 될(?), 고된 삶을 버겁게 지탱해나가는 하층민들이 어깨에 땔감을 지고 지나갔다. 사진이라도 찍으려 하면, 그들은 가던 걸음을 멈추고 사진값으로 10루피를 요구했다. 오점 하나 허락하지 않아 보이는 타지마할과 그 앞으로 지나가는 하층민의 모습이 한 폭의 슬픈 그림이었다. 제목은 성과 속의 교차라고 할까? 화사한 비단 위에 시들어가는 꽃을 수놓은 듯, 죽은 뭄타즈 마할의 무덤을 배경으로 그의 백성들의 모습이 겹쳤다. 죽은 자의 무덤 위에 산 자의 거친 숨소리가 울렸다.

I hate my wife

우리는 타고 왔던 릭샤에 다시 올라 샤 자한 파크로 되돌아왔다. 돌아오는 도중에 우리는 이 릭샤의 숨겨져 있던 비밀을 찾아낼 수 있었다. 릭샤 운전사의 여유와 배려의 정체가 만천하에 드러나는 순간이었다. 올 때 마냥 돌아갈 때도 릭샤는 천천히, 숨 막힐 정도로 아주 천천히 달팽이처럼 굴러갔다. 그런데 아니 이게 웬걸? 릭샤가 도로의 움푹 팬 부분을 지나면서 덜컹하고 충격을 받자, 쿵 하며 지붕이 우리 머리 위로 무너져 내렸다. 릭샤 좌석 주위의 지붕을 지탱하던 기둥이 순식간에 부러져 대롱대롱 매달려있었다. 이 릭샤 운전사는 여유롭게 운전한 것이 아니라 언제 다시 지붕이 무너질지 모르는 두려움에 조심스레 운전한 것이었다. 길가에서 응급 처방을 받은 후, 우리 머리 위로 또 한 차례 지붕이 무너졌다. 운전사는 미안하다는 말도 없었고, 당황스러운 어떤 제스처도 취하지 않았다. 우린 그가 듣게 되면 민망할까 걱정되어 눈치껏 속웃음을 흘렸다. 한 손으로는 머리를, 한 손으로는 언제 무너질지 모르는 릭샤 기둥을 꽉 움켜쥔 채….

　무사히 타지마할 서문에 도착하고 한식을 먹을 수 있는 현지 식당에 들어갔다. 후덕하게 생긴 주인장과 잔심부름을 하는 꼬마아이, 이렇게 둘이서 식당을 지키고 있었다. 입구 유리창에는 한글로 쓰인 다양한 홍보 문구들이 붙어 있었다. 그중 압권은 오늘 우리가 점심을 먹었던 'J 식당보다 맛있고 인도의 진한 향신료 맛도 안 나는 식당이다'라고 써놓은 문구였다. 이 식당과 J 식당은 기껏해야 20m 정도 떨어진 거리에 있었다. 바로 코앞에 있는 이웃을 상대로 이런 노골적인 네거티브 전략을 쓰다니, 주인장의 세일즈 방식이 영 맘에 들지 않았다. 그래도 어쩌겠는가? 들어온 이상 먹고 가는 수밖에…. 우리는 불고기 덮밥과 맥주를 주문하였다. 주문하자마자 우스꽝스러운 장면이 연출되었다. 주인장은 불고기 덮밥에 쓰일 고기를 사기 위해 어디론가 오토바이를 타고 사라졌고, 일하는 꼬마 아이는 맥주를 사기 위해 골목으로 내달렸다. 이 가게의 정체는 뭐지? 가게에는 우리뿐이었다. 혹 〈센과 치이로의 행방불명〉에 나오는 영(靈)의 세계로 통하는 출구인가? 조만간 우린 돼지로 변해 파리채로 볼때기를 맞을 운명에 처할지도 모르리라.

　주인장은 음식이 나온 다음부터 우리 식탁의 바로 옆에 있는 기둥에 팔을 괸 채 농을 걸었다.

"맛이 있느냐?"

"나 혼자 책을 보고 배운 한국 음식이다."

"I hate my wife.(난 아내가 밉다.) 아내는 내가 일을 하고 들어가도 매일 땍땍거린다. 그래서 밉다."

그는 웃음기 없는 얼굴로 먹는 내내 정색 유머의 신공을 내뿜었다. 특히 병오 형이 이 집의 불고기 덮밥을 마음에 들어 했기에, 내일 또 오겠다는 구두 약속을 했다. 장호는 식당 음식과 주인장의 정색 유머 매력에 이끌렸는지 A4 종이에 방문기를 써서 입구 유리창에 붙였다. 난 속으로 생각했다. 이 식당의 이름은 이제부터 'I hate my wife.'이다.

마지막으로 내 방문기를 이곳에 적어 주인장에게 보낸다.

> 욕망은 모든 것을 꽃피우지만
> 소유는 모든 것을 시들게 한다.
>
> _마르셀 프루스트

AGRA

아그라

타지마할 Taji Mahal | 아그라성 Agra Fort

타지마할에 흐르는 두 줄기 눈물

이른 시간인지 숙소 바로 앞에 있는 타지마할 동문은 아직 닫혀있었다. 곁에 우리와 똑같이 문이 열리기를 기다리는 한 한국인 가족이 있었다. 긴 머리를 뒤로 넘겨 꽁지머리로 단정히 묶은 영민 씨는 아내, 그리고 12살짜리 아들과 인도를 방문했다고 하였다. 8시에 게이트가 오픈된다고 하여 영민 씨와 이런저런 이야기를 나누었다. 그는 첫 인도 여행 때 이곳, 이 사람들의 매력에 빠져 거의 매년 인도를 방문하고 있으며, 이번에는 한국에 딸아이만 남겨두고 왔다고 했다. 만약 시간이 된다면 조용하고 한적한 도시인 자이푸르를 방문하라고 추천해주었다. 다음 행선지가 바라나시라고 하니, 이전에 들었던 이야기를 해주었다. 바라나시에서 멍 때리다 신이 들렸는지 뭔 이유인지 정신줄을 놓은 여자가 있었는데, 고국으로 강제 송환되었다는 믿지 못할 이야기? 바라나

활짝 열린 문으로 타지마할이 더도 덜하지도 않게 가득 찼다. |

왜 하필 인도야

시에 가면 유독 한국인 중에 정신줄을 놓는 사람들이 많다는 이야기?

  8시가 지났는데도 게이트가 열리지 않아 확인해 보니, 남문과 서문으로 가야 한다고 했다. 우리는 남문에서 무려 1인당 750루피의 거금을 내고 타지마할에 입장했다. 입장료는 250루피인데, 외국인을 대상으로 500루피의 ADA, 즉 아그라 발전 기금을 문화재 관리비 명목으로 받고 있었다. 인도의 주요 유적지를 방문할 때마다 현지인과 외국인의 입장료 차이가 너무 심했다. 여기 타지마할도 현지인은 몇십 루피 정도면 입장 가능한 것을 외국인은 그 수십 배인 750루피를 내야 했다. 어느 정도 외국인에게 더 많은 입장료를 받는 것은 이해하지만, 현지 물가와 비교해 보았을 때 좀 과한 면이 있었다. 입장권과 함께 작은 생수 한 통, 그리고 타지마할 건물에 들어갈 때 신을 덧신을 받았다.

  남문을 통과하고 타지마할로 서서히 다가갔지만, 짙은 안개로 인해 아무것도 보이지 않았다. 하지만 가까이 갈수록 나름 몽환적 분위기를 연출하는 타지마할이 안개 뒤로 드러나기 시작했다. 엘리자베스 여왕이 찍었다는 포

| 말이 중요한가? 단란한 가족과 마주하며 웃었다.

토존에 가자, 인도 현지인들이 나를 힐끗 훔쳐보더니 함께 사진을 찍을 수 있느냐며 다가왔다. 나는 얼떨결에 여행자에서 모델로 역할을 바꾸어 인도인들과 돌아가며 사진을 찍어야 했다. 정원을 지나 신발을 벗고 타지마할 대리석단으로 올라갔다. 그때 갑자기 위에서 누군가 사진을 찍고 있는 나를 우렁차게 불렀으니, 바로 환생한 샤 자한 왕이었다. 인도 영화에서나 봄 직한 잘생긴 인도 청년이었는데, 그는 손짓으로 수화를 시도하며 우리에게 그 자리에서 꼼짝하지 말고 기다리라고 했다. 그를 기다리면서 나와 장호는 또 다른 현지인 가족들의 사진 모델이 되어야 했다. 그리고 샤 자한이 도착했을 때 모든 가족이 하나가 되어 사진을 찍었다. 사진 찍는 내내 웃고 토닥거리는 그들의 행복이 나에게까지 번졌다. 모델 역할을 마무리하고 본격적으로 타지마할을 보러 맨 위의 단으로 올라갔다. 천진난만한 어린아이처럼 뛰고, 눕고, 만지며 타지마할을 만났다.

타지마할! '빛의 궁전'이라는 의미의 타지마할은 산 자의 궁전이 아니라 죽은 자를 위한 궁전이다. 타지마할은 무굴 제국의 5대 황제인 샤 자한이 사랑하는 왕비 뭄타즈 마할이 죽자, 그녀를 기리기 위하여 수도였던 아그라에 건설한 무덤이다. 무려 22년에 걸쳐 완성된 이 엄청난 국가의 대사업, 아니 왕이 부인의 묘라는 사적인 건물을 만드는 사업에 국가의 존립 자체가 흔들릴 정도의 엄청난 재정이 투입되었다. 또한 하루 평균 2만 명의 인력과 라자스탄 지역에서 캔 흰 대리석을 옮기는 데 1,000마리나 되는 코끼리가 동원되었다. 심지어 왕비의 묘지를 건설하는 공사 기간이 길어지면서 인부들이 거주할 수 있는 '타지 간즈'라는

신도시까지 새로 건설해야만 했다. 타지마할을 설계하고 완성하기 위해 이스탄불, 이탈리아 출신의 건축가와 페르시아 출신의 장인 등 세계적으로 이름난 건축가와 기술자들까지 데리고 왔다. 건축광이었던 샤자한의 열망이 어느 정도였는가를 알 수 있는 증거들이다. 부인에 대한 사랑이 건축의 주 동기였는지, 역사적으로 가장 위대한 건축물을 만드는 것이 주 동기였는지는 모르지만, 타지마할은 그렇게 건설되었다.

타지마할의 중앙에 있는 일직선의 연못은 양옆의 나무가 비추어져 초록빛을 띠고 있으며, 우유 빛깔의 대리석으로 된 타지마할과 오묘한 조화를 이루고 있다. 백색 대리석 벽돌로 정교히 쌓아 올린 양파 모양의 중앙 돔을 네 개의 작은 돔이 정대칭으로 둘러싸고 있으며, 역시 네 개의 원형 미나레트(첨탑)가 건물의 네 방향에 솟아 있다. 타지마할의 위대함은 동서남북 어디에서 보아도 똑같은 완벽한 대칭을 이루고 있다는 데 있다. 본당 양쪽에는 붉은 사암으로 만든 모스크와 집회당이 대칭을 이루며 세워져 있다. 건물 대리석을 그물 모양으로 조각하여 햇빛이 돔 내부에 이르도록 설계되어 있고, 그곳에 샤 자한과 뭄타즈 마할의 묘관을 안치해 두었다. 묘관은 나란히 남북으로 안치되어 있고, 이슬람교의 묘지 구조에 따라 얼굴이 서쪽 메카 방향으로 향하는 구조로되어 있다. 현재 1층의 무덤은 상징적인 가묘(假墓)일 뿐이고, 실제 무덤은 지하층의 똑같은 위치에 놓여 있다.

나는 건물의 경이로운 아름다움에 놀라면서도 옅게 드리워진 안개 너머로 뭄타즈 마할에 대한 샤 자한의 사랑을 찾고 있었다. 열다섯 나이에 결혼하여 19년 동안 14명의 자녀를 낳고, 그녀의 나이 서른아홉 살에 열다섯 번째 아이를 낳다가 죽은 비련의 왕비, 뭄타즈 마할! 그리고 아내에 대한 그리움으로 그녀를 위한 사자(死者)의 궁전을 지어준 샤 자한! 하지만 그는 결국 왕위 다툼을 벌이던 자식에게 쫓겨 아그라성으로 유폐되었고, 타지마할의 완성도 보지 못한 채 아그라성에 감금되어 죽는 날까지 먼발치로 타지마할을 바라볼 수밖에 없는 숙명에 처했다. 타지마할에는 이렇게 부부의 애틋함과 아픔이 깃든 사랑 이야기가 담겨 있다.

하지만 타지마할을 '사랑하는 임과의 이별과 그리움에 관한 러브 스토리'라는 로맨틱한 감상만으로는 볼 수 없었다. 뭄타즈 마할의 무덤은 샤 자한이 만든 것이 아니라 그 시대에 살았던 민초들의 피와 땀으로 만들어졌다. 아내에 대한 샤 자한의 절절한 사랑이 담긴 건물이 누군가에게는 아버지를 죽이고 아들을 잃게 만드는 건물이었을 것이다. 누군가는 아내를 위해 눈물을 흘렸고, 누군가는 부역에 시달리는 남편과 아들을 생각하며 눈물을 흘렸다. 저 수많은 대리석을 나르고 쌓고 만든 것은 누구였을까? 그 민초들의 피폐한 삶이 하얀 대리석 뒤에 그림자로 비춰졌다. 타지마할에는 이렇게 두 줄기의 뜨거운 눈물이 흐르고 있었다. 이 아름답고도 슬픈 두 편의 이야기가 담긴 건물을 어떤 현학적인 인간의 언어로 표현하겠는가? 그저 나도 따라 눈물을 흘릴 뿐이었다. 여행자의 눈물이 어찌 샤 자한과 타지마할을 건설한 민초들의 눈물과 비교될 수 있겠냐만은, 나의 눈물 또한 나름의 의미가 있을 것이다. 아내를 사랑하는 남편으로서? 자식에게 버림받기 싫은 아비로서? 가족의 무탈을 걱정하는 가장으로서?

타지마할 건물 속에는 뭄타즈의 가묘가 있었다. 이 세상에서 가장 아름답고 화려하다고 칭송되는 사후 궁전에 비해, 그녀의 묘는 가묘라 할지라도 매우 초라했다. 그녀도 우리와 똑같은 인간일 뿐이었다. 식어버린 묘 위에는 불완전하고 유약한 인간의 운명만이 새겨져 있었다. 죽음 앞에서는 샤 자한의 아내라는 지위도, 권세도 물거품처럼 모두 사라지고 유한한 운명에 발가벗겨진 나약한 인간의 몸뚱이만이 있었다.

순백 타지마할과의 헤어짐은 쉽지 않았다. 발을 돌릴라 하면 다시 고개가 타지마할로 향했다. 헤어짐은 그리움으로 다시 살아날 것이다. 지금 이 순간을 마지막으로 살아가는 유한한 인간의 삶에 그리움과 망각은 신이 내린 축복이다. 소중한 기억은 심연의 추억 상자에 밀봉한 채 그리울 때마다 열어볼 것이고, 슬프고 아픈 기억은 망각의 늪에 밀어 넣을 것이다. 우리의 의식은 기억과 망각의 저울질을 끊임없이 행한다. 애덤 스미스가 말한 '보이지 않는 손(invisible hand)'과는 의미가 다를지라도, 우리의 의식에도 보이지 않는 손이 있어 취할 것과 버릴 것을 적절하게 분배해 주고 있다. 만약 기억과 망각의 저울질이 고장 나 버리면 우린 집착, 조울, 분리, 혼란의 정신 상태에 빠지게 된다. 타지마할은 이제 내 가슴의 추억 상자에 담겼다. 의식은 타지마할이 망각의 늪으로 들어가지 않도록 제어할 것이다. 현재 타지마할은 내부 돔에 둥지를 튼 비둘기와 환경오염으로 부식되고 있으며, 관광객이 내뿜는 이산화탄소와 낙서들로 몸살을 앓고 있다고 한다. 몇 년 전 에베레스트산에 방문했을 때에는 더 이상 만년설을 보기 어려울 것이라고 했으며, 타지마할을 방문한 지금은 지속적인 환경오염으로 타지마할이 훼손되어 가고 있다고 한다. 누군가는 만들고 누군가는 파괴하는 것이 자연의 이치이던가?

영화 〈매트릭스〉 1편에 보면 다음과 같은 구절이 나온다.

"이곳에 있는 동안 깨닫게 된 사실이 있어. 너희들 인간 종족을 분류하다가 영감을 얻었지. 너희는 포유류가 아니었어. 지구 상의 모든 포유류는 본능적으로 자연과 조화를 이루는데, 인간들은 안 그래. 한 지역에서 번식하고 모든 자연자원을 소모해버리지. 너희들의 유일한 생존방식은 또 다른 장소로 이동하는 거야. 이 지구에는 그와 똑같은 방식을 따르는 유기체가 하나 더 있어. 그게 뭔지 아나? 바로 바이러스야. 인간이란 존재는 질병이야. 지구의 암이지."

왜 하필 인도야

꽃은 시들어

타지마할을 나와 어제 다시 오 겠다고 약속했던 I hate my wife 식당으로 향했다. 때마침 거리에 는 무슬림 축제 행렬이 지나가고 있었다. 식당 옥상에 올라 낙타, 말, 차, 녹색 깃발을 든 사람들의 행렬을 보았다. 가게 주인들은 1 층에서 거리의 아이들에게 작은 과자를 나누어주었고, 2층 집에서

| 말 위 소녀의 미소가 축제였다.

는 행렬을 향해 과자를 던져주었다. 아이들은 과자를 하나라도 더 받으 려 분주하게 몰려다녔고, 과자를 차지하지 못한 아이들은 아버지가 대 신 과자를 얻어와 건네주었다.

어제 먹었던 불고기 덮밥을 주문하고 기다리는데, 한국인으로 보이는 동양인 커플이 식당에 들어왔다. 한국인이냐고 물으니, 남자는 중국인 이고 여자는 홍콩 사람이었다. 음식을 기다리며 두런두런 얘기를 나누 었다. 몇 년 전 방문했다는 서울 이야기, 바라나시에서 먹은 라시 이야 기, 한국 가수와 노래, 영화, 드라마, 영화배우 이야기로 웃음꽃을 피웠 다. 내가 스마트폰으로 아들과 삼겹살 먹는 사진을 보여주니, 나와 아 들이 붕어빵이라고 하였다. 그리곤 한국 음식 중에 삼겹살이 최고라며 함박웃음을 지었다. 홍콩 여자는 대학생 정도로 보이는데, 사람을 대 하는 태도에 진실한 겸손이 담겨 있었다. 배낭여행을 하며 만나는 사람

대부분은 서로를 편견 없는 눈으로 바라보고 순결한 만남의 가치를 느끼게 해주었다. 이 또한 여행에서 발견하는 인간의 존엄한 가치에 대한 되새김일 것이다.

식당의 와이파이가 되지 않자, 병오 형이 계속 불안에 떨었다. 한국에서 병오 형은 디지털기기를 참 싫어하던 사람이었다. 타인과의 차갑고 건조한 디지털 만남과 정보의 노예가 되는 것이 싫어서였을까? 아무튼 그런 병오 형이 막내딸의 스마트폰을 빌려 인도에 오더니, 완전히 와이파이의 노예가 되고 말았다. 와이파이가 제공되는 숙소에 묵을 때면, 아침에 일어나자마자 스마트폰을 열고 아내와의 카카오톡으로 하루 일과를 시작하였다. 와이파이가 안 잡혀 카카오톡을 할 수 없게 되면 오들오들 불안감에 사로잡혔다. 그 이유는 딱 둘이었다. 하나는 아내에 대한 사무치는 그리움과 사랑이요, 다른 하나는 명예퇴직 신청이 어떻게 처리되고 있는가를 확인하는 것이었다. 사랑하는 아내와 함께 이제 귀농을 하여 제2의 삶을 준비하고 있는 우리 형님! 자신이 꿈꾸는 삶을 이야기할 때마다 행복에 도취한 수다쟁이가 되어 목소리는 커지고 얼굴은 벌겋게 달아올랐다. 식당에서 나와 우리가 찾아간 곳은 바로 병오 형을 위한 곳, 와이파이가 되는 카페였다. 2층 카페에서 우리는 블루베리 라시를 먹으며, 아내에게 내달려가는 병오 형의 충만한 미소를 지켜보아야 했다.

오후에는 아그라 마지막 일정으로 샤 자한이 유폐되어 여생을 눈물로 보냈던 아그라성을 방문하였다. 우리도 샤 자한이 되어 성벽에 횅하니 뚫려 있는 창을 통해 타지마할을 보았다. 그도 이렇게 보았을 것이다.

"뭄타즈 마할, 내 사랑하는 아내여! 편히 쉬고 있지요? 저는 매일매일 당신을 바라보며, 우리 다시 만날 날만을 기다리고 있습니다. 내 있는 곳이 어디든 당신을 추억하고 있는 것만으로도 이곳은 천국이랍니다."

아그라성 창으로 하얀 타지마할이 그리움으로 보였다.

아그라성 위에서 망중한을 즐기기도 잠시, 샤 자한과 뭄타즈 마할의 영원을 꿈꾸는 사랑이 화두가 되어 생각에 잠겼다. 이탈리아 화가 카라바조의 작품들은 어둡고 음산하다. 나는 그의 작품 중 〈병든 바쿠스(Sick Bacchus)〉라는 작품을 좋아한다. 술에 취한 채 핏기 하나 없는 창백한 모습으로, 시들어버린 나뭇잎 관을 쓰고 썩은 포도를 들고 있는 주신 바쿠스의 모습에서 외면하고 싶은 우리의 모습이 보이기 때문이다. 모든 사람은 당신이 어찌 살았든 삶의 질이나 품위와 상관없이 흘러가는 시간 아래 시들게 되고, 사랑하는 사람과 헤어지는 시간을 맞게 된다. 샤 자한과 뭄타즈 마할처럼 말이다. 난 언젠가부터 꺾이고 잘려 곱게 포장해 놓은 꽃을 선물하지 않는다. 꽃은 아름답다. 그래서 내 마음을 꽃에 담아 사랑하는 이에게 주기 더없이 좋은 상징물이다. 당신도, 당신을 사랑하는 내 마음도 이 꽃을 닮아 있다며 말이다. 하지만 꽃은 며칠도 안 되어 시들기 시작한다. 꽃의 화려함은 짧다. 아름다움을 잃고 시들어버린 꽃은 이제 추하고 지저분하게 퇴락한 꽃이 된다. 이제 그 꽃은 제 의미를 다하고 어딘가에 버려진다. 어차피 세상 모든 것이 늙고 시들고 변해가는 것이 이치이겠으나, 난 시들은 꽃을 보며 추해지는 시간과 모습이 버려지는 것이 싫었다. 꽃처럼 예쁠 때만, 내 사랑의 조건이 존속할 때에만 사랑할 수는 없지 않은가?

영원한 것을 사랑하는 것은 어린아이뿐이라고 한다. 영원한 젊음과 사랑, 영원을 맹세해야만 진정성으로 받아지는 말과 고백들! 하지만 슬프게도 영원한 것은 없다. 꽃이 영원하지 않듯이 인간의 모든 것도 영원하지 않다. 하지만 인간만큼은 사랑이 시들어도, 사랑하는 사람이 시들어도 버리거나 버려져서는 안 되지 않는가? 사랑 또한 살아 있는 생명과 같아 영원할 것이라는 유아적 믿음을 버리고, 흔들리고 젖어도 지켜내고 키워가야 하는, 인내와 성장을 요구하는 생(生)의 숙제로 삼아야 할 것이다.

이제 아그라에서의 모든 일정이 끝났다. 우린 숙소 근처의 거리를 돌아다니며, 그동안 먹지 못했던 길거리 음식 기행을 하였다. 소바, 속 빈 과자에 라시와 감자를 으깨 만든 음식, 땅콩, 인절미처럼 생긴 떡 등을 골고루 먹었는데, 그동안 인도 향신료와 궁합이 잘 맞지 않아 고생하던 병오 형이 유독 길거리 음식을 즐겼다.

　동문 앞 의자 앞으로 한 무리의 한국인 단체 배낭여행객이 지나갔다. '어디 좋은 곳을 찾아가는 거겠지?'라는 기대를 품고 몰래 그들의 뒤를 밟았다. 그들을 따라 도착한 곳이 타지마할을 옆에서 볼 수 있는 야무나강가였다. 석양에 붉게 물들기 시작하는 타지마할의 모습이 아그라와 작별하는 마지막 회한을 불러일으켰다. 단체 배낭여행은 도시 이동 교통편과 숙소만을 함께 공유하며, 나머지 일정은 각자 개별 여행을 하는 프로그램이었다. 아그라에 함께 도착해 아침부터 개별 자유여행을 하고, 약속된 시간에 이곳으로 모여 가이드로부터 타지마할에 대한 설명을 듣고 있었다. 아는 만큼 보인다고 했던가? 가이드 가까이 은밀히 접근해 도둑 강의를 들었다.

　밤 11시 카주라호행 열차를 예약했기에 호텔로 돌아와 저녁으로 치킨 커리, 치즈 치킨, 갈릭 난, 마살라, 맥주 등 타지마할의 마지막 현지식 만찬을 즐겼다. 사각 테이블 한쪽에 빈 의자 하나를 남겨 놓았으니, 그 자리의 주인공은 샤 자한이었다. 그는 자리가 파할 때까지 도착하지 않았다. 아직도 아그라성에 연금되어 있는 것인가? 아그라에서의 숙박비가 1,000루피였는데, 그날 우리의 만찬이 1,200루피였으니 가난한 배낭여행자에겐 분에 넘치는 식사였다.

　기차는 역시 1시간 연착이 된 후에야 플랫폼에 도착하였다. 기차를 기다리는 동안 플랫폼의 광경을 유심히 지켜보았다. 사랑을 속삭이는 미국인 여행 커플, 일본인 노부부와 그들을 안내하는 가이드, 혼자 여행을 즐기는 싱가포르계 아시아인 등 각각의 모습에서 욕망의 빈곤과 행복의 풍요를 느꼈다. 시선을 레일로 돌리니, 엄청난 쥐떼가 보였다. 쥐들은 기차에서 레일로 떨어진 음식 쓰레기와 인분 위에서 배를 채우고 있었다. 살이 포동포동 오른 인도 쥐들에게 이곳은 굶주림과 위협이 없는 천국이로구나.

'띠링띠링, 어탠션 플리스~'

인도 기차역에 오면 시도 때도 없이 들리는 안내 방송이 계속 울렸다. 언젠가 이 소리를 듣게 되면 이 시간으로 되돌아오겠지?

왜 하필 인도야

KHAJURAHO

카주라호

서부 사원군 Western Group of Temple | 사트나 Satna

합일을 꿈꾸는 껄떡 도시

인도 최고의 껄떡 도시인 카주라호에 도착하자마자, 릭샤 왈라들이 우리를 따라붙으며 껄떡대었다. 역시 명불허전(名不虛傳), 껄떡 도시였다. 릭샤를 타고 버스 스탠드로 이동하였다. 카주라호 여행은 반나절 일정으로 잡았기에 버스 스탠드에 있는 간이 기차 매표소에서 사트나(Satna)발 바라나시행 밤 기차를 예약하였다. 여기에서 곧바로 다음 여행지인 바라나시로 가는 직통 차편이 없기 때문에, 버스로 사트나까지 이동해 그곳에서 바라나시행 기차를 갈아타야만 했다.

서부 사원군 앞의 상가지구에 있는 식당에서 밥을 먹는 동안 갑자기 게릴라성 소나기가 내렸다. 우리를 위해 야시시한 미투나 조각상(남녀교합상)을 깨끗이 씻어주려고 약속이라도 한 듯, 딱 목욕물만큼만 쏟아부었다. 처마 아래에서 비를 보고 있자니, 빗물이 가슴에 스며들었다.

그리스 신화에 나오는 다나에는 아르고스의 왕인 아크리시우스의 딸이다. "당신의 딸, 다나에가 낳은 아들에 의해 당신은 죽게 될 것이다"라는 신탁을 받은 왕은 신탁이 실현될까 두려워 딸 다나에를 청동으로 만든 탑 안에 감금시켜버린다. 그 사실을 안 제우스는 황금비로 변해 그녀를 겁탈한다. 청동탑의 틈새로 흘러드는 황금비를 상상해 보라. 화가 클림트는 황금비(제우스)를 받아들이고 있는 그녀를 관능적으로, 깊은 환희에 빠져 있는 모습을 묘사하는 작품을 그렸다.

나도 비를 맞는다. 내 가슴에 스며드는 비를 아무리 막으려 해도, 비는 작은 틈으로 천천히 맹렬하게 스며들었다. 비는 이래서 사람을 젖게 만든다. 가슴에 단단한 빗장을 걸어놓은 사람일지라도 조그만 틈새라도 있으면 이를 찾아 젖어드는 비를 막을 순 없다. 그리고 그의 품에선 지난 그리움과 회한, 열락과 슬픔의 순간들이 되살아난다. 청동탑 틈으로 흘러드는 황금비 제우스를 맞고 있는 다나에를 그려보며, 나는 오늘 카주라호의 소나기로 쏟아지는 헤라를 기다린다. 여기는 껄떡 도시이다!

카주라호에 있는 많은 사원군 중 가장 유명한 곳이 서부 사원군이다. 솔직히 이곳에 방문하는 많은 이들은 캄보디아의 앙코르 와트처럼 역사적·문화적 가치의 눈으로 조각상을 보기 위해서 뿐만 아니라 남녀의 적나라한 성교를 형상화한 미투나상에 대한 호기심으로 오지 않을까?

서부 사원군에 입장하고 숨은그림찾기처럼 매의 눈으로 에로틱한 미투나 조각상을 찾기 시작했다. 많은 사원 가운데 칸다리야 마하데브

사원의 벽면에 다양한 미투나상이 밀집되어 있었다. 장난기가 발동한 장호는 연신 절제된 모습으로 두 손을 합장한 채 카마수트라를 잠언처럼 암송하였다.

책에서만 보던 미투나상을 실제로 마주하니, 야하다는 생각보다 '왜 이런 조각상을 만들었을까?' 하는 의문이 먼저 들었다. 적나라한 남녀의 성교상, 풍만한 가슴과 터질 듯한 엉덩이를 뽐내는 원숙한 여인들, 상상 속에서만 불온하게 생각해보았던 체위 등은 큰 감흥을 일으키지 못했다. 미투나상 속에는 완전성을 꿈꾸는 합일(合一)의 염원이 담겨 있었다. 불완전한 남녀는 성(性)을 통해 완전한 하나로 거듭 태어날 수 있다. 어느 문화권이든 불완전한 인간은 완전성을 향한 근원적 지향이 있다. 동양의 음과 양처럼 상반된 기운이 조화를 이루며 우주는 질서 있게 운행이 되고, 남녀는 나와 다른 반쪽을 지향하며 살고 있지 않은 가? 음양이 만나면 온몸에 전기가 흐르고, 생명이 태어나고, 삶은 환희로 가득 차게 된다. 미투나상이 이곳에 만들어진 유래에 관한 많은 설 가운데 북인도에서 들어온 탄트리즘의 영향이라는 주장이 가장 설득력이 높다고 한다. 탄트리즘은 음과 양, 남과 여, 정신과 육체, 절대자와 피조물의 합일을 통해 마음의 평화와 완전성인 해탈에 이를 수 있다는 사상이다. 미투나상이 만들어진 이유가 무엇이건 간에 보면 볼수록 관능적 아름다움에 매료되었다. 참 어여쁘다. 세상에 인간의 몸만큼 아름다운 것이 있을까? 누가 그랬던가? "사랑이 성의 감성적 측면이라고 한다면, 에로티시즘은 성의 감각적 측면이라고 할 수 있다"라고.

한편 전형적인 이슬람 스타일 수염을 한 관리인이 장호에게 접근하더니, 미투나상을 하나하나 찾아주며 친절한 설명까지 덧붙여주었다. 그가 사원을 관리하는 사람인지,

| 원했건, 원치 않았건 내 가이드 값은 줘야지?

청소하는 사람인지, 단순히 동네 주민인지는 파악할 수 없었다. 우리는 뭔가 수상한 낌새를 느끼면서도 그가 미투나상을 가리킬 때마다 과장된 희열을 표현하고 역동적인 리액션을 취해 주었다. 모든 미투나상 프리젠테이션이 끝났을 때, 그는 우리에게 돈을 요구하였다. 역시 친절한 인도인을 조심하라는 교훈이 여기에서도 뼈저리게 다가왔다. 그의 서비스를 맹목적으로 받은 우리 입장에서 어찌 그 요구를 거절할 만한 명분이 있으랴? 장호가 약간의 팁을 찔러 주었다. 다른 사원 안으로 들어가 시바의 링감(성기)을 지켜보는데, 이번에는 청소하는 할머니께서 다가왔다. 또? 우리는 대충 설명을 듣는 둥 마는 둥 하며 밖으로 나왔다. 역시 입구에서 할머니는 우리에게 똑같이 손을 벌렸다. 불이과(不二過)! 똑같은 실수를 두 번 반복하지 않는다. 우리는 "쏘리, 쏘리~" 반복하며 정중하게 그녀의 손을 외면하고 밖으로 나왔다. 사원 기둥에 기대어 우리의 떠나는 모습을 지켜보는 할머니의 얼굴이 무덤덤했다.

에로틱하면서도 예술성이 돋보이는 미투나상과 여러 조각상을 모두 둘러본 후, 사트나행 버스를 타러 버스 스탠드로 향했다. 상가에서부터 구걸하는 아이 하나와 꼬맹이 셋이 계속 말을 걸며 따라왔다. 그들은 버스 스탠드까지 예정에 없던 동행을 하며 종알종알 자기들이 질문을 던지고 알아서 답변을 늘어놓는 이상한 자문자답 녀석들이었다. 역시 그들도 우리에게 가이드를 해주었다는 얼토당토않은 이유로 돈을 요구하였다. 역시 이곳은 껄떡 도시였다. 카주라호는 미투나상의 이미지에 따라 남녀가 서로에게 껄떡댈 것이라는 편견을 깨고, 남녀노소를 불문하고 현지인들이 외국인 관광객에게 쉼 없이 치근덕거리는 껄떡 도시였다.

왜 하필 인도야

버스 스탠드에 도착해 의자에 앉자, 여기저기에서 또 껄떡거리는 현지인들이 모여들었다. 워낙 껄떡대는 사람에게 당한 상황이라 정신을 바짝 차리고 그들을 대했다. 공자 말씀하시길, 불가근 불가원(不可近, 不可遠)이라 하지 않았던가? '너무 가까이하지도 너무 멀리하지도 말라.' 그들은 우리를 포위한 채 많은 질문을 던졌다. 누군가 우리에게 질문을 하면 여기저기에서 자기들끼리 "이게 맞다", "이렇게 하면 된다" 등 난상 토론이 벌어졌다.

새까만 가죽점퍼를 입은 중년 남성은 내 노란색 점퍼가 맘에 들었는지, 허락도 없이 옷소매부터 호주머니까지 만지작거렸다. 한번 입어볼 수 있느냐 하여 벗어 주었더니, 내 옷을 입고는 돌려줄 생각을 안 했다. 그러고는 느닷없이 "이렇게 된 거 옷을 바꿔 입자"고 제안했다. 옆에 있는 분이 한바탕 윽박지르며 억지로 벗기고서야 옷을 다시 찾을 수 있었다. 어떤 이는 내 스마트폰을 툭툭 치며 버스를 배경으로 사진을 찍자고 했다. 그는 심지어 떠나는 버스까지 멈춰 세우고는, 나에게 어서 오라며 재촉했다. 잠시 후, 멈춘 버스의 운전사까지 합류해 사진을 찍었다. 버스 속 승객들은 운전사의 돌발 행동에도 당황하지 않고 물끄러미 바라만 볼 뿐이었다. 운전사가 자기 사진을 이메일로 보내 달라고 하여 볼펜을 찾고 있는데, 그는 시간이 없다며 버스를 몰고 미련 없이 제 갈 길로 가버렸다. 나를 버스 앞으로 끌고 온 아저씨는 뭐가 그렇게 재미있는지, 입꼬리를 오물조물 실룩거리며 자기 사

진이나 계속 찍어달라고 했다. 그는 나에게 이메일 주소를 적어주며, 사진을 찍을 때마다 "One, two, three, picture~"를 반복하였다. 10분 분량의 즉석 시트콤은 이렇게 완성되었다.

시골 소도시를 이어주는 사트나행 로컬 버스에 탔다. 10루피씩 짐에 대한 추가 요금을 내고 버스에 오르자, 현지인들이 신기한 눈으로 우리를 쳐다보았다. 양쪽으로 각각 2명과 3명이 앉을 수 있는 좌석이 있었는데, 폭이 너무 비좁아 다 큰 성인 두세 명이 앉기에 매우 불편했다. 버스가 출발하자 포장되지 않은 거친 길을 달리며 버스 전체가 요동치기 시작했다. 우리는 차에 몸을 맡긴 채 엉덩이를 들썩거리며, 예전 시골 비포장도로를 달리는 완행버스의 추억을 떠올렸다. "어이쿠야, 우후." 우리의 호들갑 떠는 모습에 바로 뒤에 앉은 현지인들이 까르르 웃기 시작했다. 원래 허리가 좋지 않은 장호의 표정이 완전히 일그러져 있었다. 예정대로라면 3시간 걸린다고 하니, 조금만 참으시게.

버스 안에서의 호접몽

운전사는 버스가 부서질라 울퉁불퉁한 길을 능수능란하면서도 거침없는 운전 솜씨를 뽐내며 신나게 달렸다. 한 두어 시간 달린 후에 버스는 작은 소도시에 잠시 정차하였다. 그리고 결국 여기에서 사달이 나고 말았다. 버스가 고장이 나 출발할 기미도 보이지 않는 것이었다. 방금 전까지 승객이 타고 내리는 것을 관리하던 젊은 버스보조원이 엔진룸을 모두 열어붙이고 엔진을 수리하기 시작했다. 시간은 흐르고 흘러 우리가 예약한 바라나시행 기차에 탑승할 수 없을지도 모른다는 불안한 상황이 임박해 오고 있었다. 병오 형은 이러다가 기차를 놓칠까 걱정되어 사트나로 출발하는 다른 버스로 갈아탈 방법을 찾기 위해 이리저리 수소문을 하러 다녔다. 형은 버스 승객들 틈에서 "이러다간 기차를 놓치겠다. 수리가 되긴 되는 것이냐? 어떤 방법이 없느냐?"며 안절부절못하였다. 그런 형에게 인도인들은 태연자약한 모습으로 말했다.

"5분이면 된단다. 걱정 마라."

"괜찮다. 고친다고 하잖아."

"버스 안에 가서 편하게 기다려도 된다."

"나도 같은 상황이다."

"내가 핸드폰으로 기차 시간을 봐줄 테니, 기차 넘버를 불러봐라."

그런데 참 놀랍기도, 재밌기도 한 것은 그들의 모습이었다. 그들은 버스가 멈춰 기약 없이 시간만 흘러가는 데도 어떤 조바심도 내지 않았고, 심지어 별일 아니라는 듯 여유까지 부렸다. 그곳에서 이리 뛰고 저리 뛰며 얼굴에 근심이 가득 차 있는 것은 우리뿐이었다. 이 사람들 진짜 뭐야? 인간이 나비가 된 꿈을 꾸는 것인지, 나비가 인간이 된 꿈을 꾸는 것인지[호접몽(胡蝶夢):현실과 꿈의 구별이 없는 것] 헷갈리기 시작했다. 우리는 인간의 꿈을 꾸고, 인도인들은 나비의 꿈을 꾸는 것인가? 누구의 꿈이 진짜 꿈이고, 가짜 꿈인가?

세상은 어둑어둑해지고 찬 바람까지 불기 시작하는 그때, 부르릉하며 차의 시동이 힘차게 걸렸다. 이제껏 엔진 주위에 삼삼오오 모여 담소를 나누던 인도 승객들은 언제 무슨 일이 있었냐는 듯이 자기 자리로 돌아가 가만히 앉아 있었다. 불빛 하나 없는 차 안에서 아무 동요 없이 정면을 응시하는 그들의 하얀 눈빛 행렬을 보며, 내가 지금 보고 있는 것이, 내가 지금 있는 곳이 실제 현실인지 손등을 꼬집어봐야 했다.

'와, 당신들 인도인 맞다.'

우리가 요란법석을 떨어서인지 버스는 자기 능력을 다해 내달렸다. 그나마 좁은 도로인데, 양쪽으로 주차된 차량으로 인해 길은 더욱더 좁아져 있었다. 칠흑 같은 어둠과 끊임없이 눌러대는 경적 소리에, 갑자기 튀어나오는 오토바이에 우리 셋만 깜짝 놀라 자지러졌다. 역시 버스 안의 비현실적 눈들은 미동도 없이, 외부의 자극에도 아랑곳하지 않고, 고요히 깜박거리고만 있었다. 진짜 이건 꿈이다. 호접몽이다.

주위 현지인에게 차가 정차한 곳이 사트나인지 확인한 후, 짐칸에서 후다닥 짐을 내렸다. 그런데 갑자기 버스 출입문 밖에 있던 릭샤 왈라가 우리의 짐을 허락도 없이 자기 릭샤로 실어대기 시작했다.

"이봐요. 그거 우리 짐이에요. 우린 기차역으로 간다고요."

그는 우리의 말을 듣는 둥 마는 둥 연신 "No problem!"만 외쳤다. 뭐가 어떻게 돌아가는 상황인지 몰라 릭샤에 함께 탄 사람들에게 물어보자, "기차역으로 가는 릭샤가 맞으니 걱정하지 않아도 된다"라고 안심시켜 주었다. 기차역에 도착한 시간은 7시 40분. 사트나에서 바라나시로 떠나는 기차의 출발 예정 시간은 7시 20분이었다. 그동안의 경험을 토대로 최소 1시간은 연착하겠지라는 기대가 있기에, 역에 도착해서 짐을 내릴 때까지 사뭇 여유를 부렸다. 그런데 사트나역 앞 전광판에 떠 있는 바라나시행 기차는 7시 30분 도착, 7시 40분 출발로 표시되어 있었다. 7시 40분? 우리 셋은 병오 형을 선두로 기차가 정차해 있는 플랫폼으로 질주하기 시작했다. 하필 일이 꼬이려는 것인지 지금까지 대부분의 기차는 개찰구 바로 앞에 있는 플랫폼에서 탑승했는데, 이 기차의 탑승 플랫폼은 육교를 넘어가야 하는 PT2였다. 오늘따라 가방에는 돌이 들어있는지 어깨를 누르는 무게가 천근만근이었다. 다행히 우리가 육교를 넘을 때까지 기차는 움직이지 않고 있었다.

끝도 없이 길게 이어진 객차에서 우리가 탑승해야 하는 S5칸을 찾아 가까스로 올라탔다. 기차에 오르자마자 장호는 침대에 철퍼덕 육중한 몸을 던졌다. 덜커덩, 기차는 출발하고 우리는 그제야 안도의 한숨을 쉬었다. '휴, 천만다행이다'라는 말을 건넬 힘조차 바닥이 난 우리는, 서로 마주 보며 침묵의 위로만을 전할 수밖에 없었다.

지친 몸을 침대 위에 누이고 잠에 빠질 찰나, 아래에서 꿈틀거리는 생명체의 움직임이 예민한 감각에 포착되었다. 아래를 보는 순간, 1층 침대 아래에서 살진 생쥐 한 마리가 쏜살같이 건너편으로 내달렸다. 그 뒤를 오종종 따라가는 울트라 인도 바퀴벌레! '헐, 이건 호접몽이 분명해!' 하지만 난 동요하지 않았다. 오늘 버스에서 외부의 자극에 미동도 없이 초연한 현지인들을 만나기 전과 후의 나는 달라졌기 때문이다.

'괜찮아! 어쩔 수 없잖아.'

VARANASI

바라나시

죽음이 새로운 시작이 아니라 끝이라 해도

드디어 힌두의 어머니 갠지스강이 흐르는 성(聖)스러운 도시 바라나시에 도착하였다. 밤과 낮이 교차하는 새벽 공기가 차고 쓸쓸했다. 우린 인파를 뚫고 릭샤가 있는 주차장을 찾아갔다. 아주 왜소한 릭샤 왈라가 우리를 별 감흥 없이 맞이했다. 그런데 출발하려고 시동을 걸어도 걸어도 엔진은 헛바퀴만 돌았다. 릭샤 왈라는 곧바로 주위 사람들에게 도움을 청했고, 그들이 힘껏 릭샤를 서너 차례 밀어주고서야 출발할 수 있었다.

커다란 가방 하나씩 멘 사람들이 기차에서 쏟아졌다. 가방에는 무엇이 들어있을까? 그들은 이곳에 왜 왔을까? 우린 왜 왔을까?

릭샤 왈라에게 메인 화장터 근처까지 데려다 달라고 했는데, 그는 건성으로 대답하면서 특정 게스트하우스 이름만 반복해 늘어놓았다. 가트 근처까지의 릭샤 운행은 금지되어 있었기 때문에, 그는 릭샤가 최대한 들어갈 수 있는 곳까지 간 다음 우리를 내려주었다. 어찌 된 일인지 돈을 지불했는데도 불구하고, 그는 계속 우리를 안내해 준다며 잰걸음으로 앞장서서 갔다. 우리는 그를 쫓아가며 '이거 또 잘못 걸린 거 아니야?' 속앓이를 하였다. 하지만 다행히 그가 우리를 데려가려는 숙소 방향과 우리가 묵으려 하는 숙소의 방향이 같은 곳이었다. 우린 미리 알아 놓은 숙소 이정표를 보자마자, 숨소리마저 죽인 채 쏜살같이 숙소로 들어갔다. 숙소 라운지에 짐을 내려놓고 맘 편히 직원을 기다리는데, 문이 빠끔히 열리더니 그 사이로 릭샤 왈라의 얼굴이 불쑥 들어왔다. 그는 '두고 보자'는 듯 눈을 가늘게 뜬 채 우리를 째려보았고, 우린 그의 출현에 기겁하며 나자빠졌다. 무슨 잡범을 쫓는 형사 같았다. 도대체 우리가 뭔 죄를 지었다고 말이야.

식사 후 외출하려고 신발을 신으려는데, 아무리 찾아봐도 보이지 않았다. 곰곰이 생각해보니, 어제 기차 안에서 등산화를 벗어 놓고 슬리퍼로 갈아 신은 기억이 났다. 그

어찌 갠지스강물로 씻겨 내니 평온합니까?
긴 세월 층층이 쌓인 제 허물도 씻길 수 있을까요?

리곤 아무 생각 없이 잠에 곯아떨어졌는데, 아침에 일어나 침대 아래에 밀어 넣은 운동화의 존재를 까맣게 잊은 채 기차에서 내린 것이었다. 슬리퍼를 신고 기차에서 숙소까지 오면서도 날이 쌀쌀해 발이 시리다 생각했을 뿐, 뭔가 불편하다는 사실조차 인지하지 못하고 있었다. 바라나시역에 가서 기차에 신발을 놓고 내렸다고 할 수도 없고, 대략 난감했다. 고가의 신발은 아니었지만 그래도 인도에서는 보기 힘든, 나름 고어텍스 신발이었는데….

　적당한 가게가 보이면 신발을 사기로 마음먹고 슬리퍼를 끌며 밖으로 나왔다. 바라나시의 골목에는 다른 도시보다 유난히 소들과 그들의 배설물이 넘쳐났다. 그래서 아차 한눈을 파는 순간 온갖 배설물 지뢰를 밟을 위험성에 노출될 수밖에 없었다. 더 근심되는 것은 바로 내가 신고 있는 슬리퍼의 구조였다. 인도 슬리퍼는 대부분 엄지와 검지 발가락 사이를 분리해주는 막대기 같은 기둥이 달려 있는데, 구입하자마자 나는 그것이 너무 불편해 가위로 절단해 빼버렸다. 막대기를 뺀 자리에는 동그란 구멍 하나가 덩그러니 뚫렸고, 이제 그 구멍은 온갖 배설물의 출입구가 되고 말았다.

　처음으로 우리가 방문한 곳은 바라나시의 메인 화장터인 마니카르니카 가트(Manikarnika Ghat)였다. 가트는 강의 가장자리라는 뜻으로, 3,000년의 고도 바라나시에 흐르는 갠지스 강변을 따라 계단식으로 길게 만들어져 있었다. 이전 네팔의 파슈파티나트 화장터를 방문한 기억이 있었기에 바라나시 화장터의 방문은 크게 낯설지 않았다. 갠지스 강가에 위치한 화장터에는 벌써 수구의 시신이 화장되고 있었다. 우리 셋은 화장터 가트 위에 나란히 서서 육신의 헌 옷을 태우는 모습을 말없이, 감정도 없이 지켜보았다. 뜨겁게 타오르는 불길이 시신을 순식간에 삼켰다. 그의 삶처럼 꽃으로 화려하게 치장한 시신이 계속 들것에 실려 왔다. 불은 불꽃을 피우며 화려했던 삶의 마지막에 찬사를 보냈다. 시신은 먼저 갠지스 강물로 들어가 성스러운 어머니의 품 안에서 생에서의 마지막 목욕을 하였다. 한평생 얼마나 많은 사연이 저 육신에 담겨 있을 것인가? 기쁨, 슬픔, 영광, 아픔, 환희, 좌절 등 인간으로 겪어야만 했던 겹겹이 쌓인 삶의 층들을 씻기고 있었다. 잠시 세상에 머물다 떠나는 어느 나그네의 삶이 저물고 있었다.

"이제 떠나는 몸, 모두 깨끗이 버리고 가시옵소서. 떠날 때는 이 세상에 태어날 때처럼 아무것도 가져가지 말고 모두 놓고 가시옵소서. 유유히 흐르는 갠지스 강물처럼 그렇게 떠나십시오. 다 토해 놓고 가면 됩니다. 꼿꼿이 세우고 다녔던 두 어깨 이제 축 떨어뜨려도 됩니다. 이젠 옳고 그름도 다툴 필요 없고, 잘나고 못난 것도 따질 필요 없습니다. 편안히 웃음 짓고 가면 그만입니다. 한평생 신명 나게 놀고 간다고 생각하십시오. 내 눈에 고인 이 눈물은 이별의 눈물이 아니라 당신이 살았던 삶이 얼마나 아름다웠는지를 추억하는 눈물입니다.

인간으로 산다는 것이 그리 쉬운 일은 아니었을 것입니다. 엄마와 연결된 탯줄이 끊어지며 세상에 홀로 던져졌고, '나'라는 자아의식이 생기면서부터 나와 세상, 나와 타인은 분리되기 시작했습니다. 그리고

'나'는 껍데기를 깨고 멋진 새가 되기 위해 발버둥 쳤을 겁니다. 어느 곳에서나, 누구에게나 화려한 조명을 받고 싶은 주인공의 삶을 꿈꾸 었겠죠? 그것이 자존감이었고 존재 가치였을 겁니다. 저 또한 그랬습 니다. 집으로 오는 어두컴컴한 길에 외로움이 덮일 때도 난 '나'를 사 랑했습니다. 그리고 세상의 규격에 맞게 나를 창조하고 포장했습니다. 그런 나를 사람들은 좋게도, 나쁘게도 평가했습니다. 하지만 그들의 질문에 답하기 위해 바쁘게 살고, 그들에게 정답과 같은 삶을 보여주 기 위해 최선을 다하는 동안, 나는 더 이상 '나'의 존재에 대한 어떤 본 질적인 질문도 던지지 않게 되었습니다. 벽에 부딪힐 때마다 형체 없 이 바라보는 그들을 지우고 싶었고, 그들의 시선을 외면하고 싶었습니 다. 하지만 그리 쉽지 않았습니다. 그들을 지우면 그렇게 만들어진 '나'

도 지워질 것만 같은 두려움이 컸습니다. 껍데기를 깨고 멋진 새가 되려는 꿈이 도리어 세상의 견고한 껍데기에 다시 갇히게 된 것이죠. 그 두꺼워진 껍데기를 벗기가, 벗겨져 적나라하게 드러날 나를 대면하기가 어찌 간단한 일이겠습니까?

장작 위에 놓인 그대를 봅니다. 뜨겁지요? 외롭지요? 아프지요? 하지만 난 평화롭습니다. 장작 위에 누인 당신의 모습이 너무 평안해 보이기 때문입니다. 나를 보지도 못하고, 말도 없겠지만, 그래도 좋습니다. 당신의 야윈 몸이, 얼굴의 구석구석을 가로지르고 있는 깊은 주름이, 하얗게 덮인 머리카락이 이미 나에게 모든 것을 대답하고 있습니다. 나도 함께 장작 위에 눕습니다. 당신의 육신이 탈 때, 나 또한 껍데기를 태웁니다. 이곳을 떠날 때는 당신처럼 작은 재만 손에 쥐고 가겠습니다. 그것도 버리라면 버리겠습니다. 타오르고 있습니다. 그들에 의해, 나에 의해 만들어진 '나'가 타오르고 있습니다. 죽음이 새로운 시작이 아니라 끝이라 해도 괜찮습니다. 오늘만큼은 죽음이 두렵지 않습니다."

도네이션

화장터에서 넋을 놓고 있을 때, 화장터 가이드로 보이는 한 인도인이 슬며시 다가왔다. 그는 화장터 방문을 환영한다며, 저 뒤에 보이는 건물 2층에 가면 '신성한 불(Holy fire)'이 있고 화장터 전체를 내려다볼 수 있다고 했다. 장호의 만류에도 불구하고, 나는 장호의 손을 억지로 끌고 그를 따라 건물로 올라갔다. 콘크리트 건물 2층에는 그의 말대로 신성한 불이 타오르고 있었다. 우리는 그를 따라 5,000년 동안 한 번도 꺼진 적이 없다는 신성한 불을 향해 두 손 모아 합장을 하고 절을 올렸다. 그는 신성한 불에서 나온 재를 엄지에 묻혀 우리의 이마에 찍어 주었다. 우리는 엄숙한 종교 행사를 치르듯 마음과 자세를 정돈하고 이성스러운 의식에 참여하였다. 신성한 불의 재를 이마에 묻히고, 그를 따라 화장되는 시신 옆으로 다가갔다. 그는 우리에게 힌두교와 인도의 화장에 대해서 자세한 설명을 해주었다.

"화장 비용은 장작값과 불씨 값을 합한 것인데, 부자와 가난한 집안에 따라 나무의 차이가 크며, 여기 장작더미가 높게 쌓여 있는 것은 부자의 화장이다. 시신이 모두 타는 데에는 보통 3시간이 걸린다. 또한 화장터 위에 있는 저 건물들은 이곳에서 죽음을 기다리는 사람들이 머물고 있는 호스피스 건물이다."

물론 그가 설명하는 모든 것을 이해할 수는 없었다. 다만 낮은 톤으로 가라앉은 그의 목소리에서 갠지스강 화장터에 수천 년 이어져 온 힌두교의 무게와 생사의 엄숙함이 전달되었다. 그런데 아주 잘 진행되던 그의 설명은 갑자기 도네이션(Donation: 기부)으로 마무리되었다. 그는 저 뒤에 보이는 건물 안에 지금 죽음을 기다리는 가난한 사람들이 있다며, 그중에는 한국인과 일본인도 있다고 하였다.

"Two Korean, One Japanese!(한국인 두 명, 일본인 한 명!) 그들은 장례식에 쓸 나무를 구하지 못해 어려운 처지에 놓여 있다. 당신들이 기부를 해주었으면 좋겠다. 그러면 당신도 복을 받을 것이다."

우리는 이미 그의 시나리오를 모두 알고 있기에 거두절미하고 기부 요구를 뿌리쳤다. 그러자 그는 종교의식을 집전하던 성스러운 사제의 모습에서 시정잡배의 모습으로 변하기 시작했다. 갑자기 나의 팔을 잡아당기며 "경찰서로 가자" 협박도 하고, 우리에게 마구 삿대질을 해대며 "이것들 좀 봐라" 고래고래 소리를 질렀다. 나 또한 주위 사람들이 들도록 "난 당신에게 설명을 요구한 적이 없다. 당신이 원해서 해준 것인데, 내가 왜 돈을 지불해야 하는가?"라고 목청을 높였다. 몇 차례의 실랑이가 있고 난 후 우리의 강경한 태도에 희망이 보이지 않자, 그는 뒤도 돌아보지 않고 가버렸다. 그동안 여행 중에 친절을 베풀며 다가오는 대부분의 인도인은 호객, 공감의 사람들이었다. 그로 인해 인도인의 순수한 친절까지 곡해하여 받아들일 것 같아 기분이 좋지 않았다. 외국 관광객이면 누구나 당해야 하는 순리라고 자위하는 게 최선의 선택일까?

이곳을 방문했던 여행자들은 바라나시의 여행 일정을 추천해주지 않았다. 바라나시는 계획도, 세부 여행 일정도 필요하지 않은 곳이었다. 갠지스 강가의 가트를 따라 거닐며 강물의 적적한 흐름에 나를 온전히 맡기면, 그것이 바라나시 여행의 전부였다. 메인 가트인 다샤스와메드 가트(Dashashwamedh Ghat)에 가니, 매일 저녁 6시에 푸자라는 힌두교 의식이 열린다고 했다. 우린 가트에 나란히 앉아 갠지스강을 응시했다. 갠지스 강물에 들어가 몸을 씻고 있는 현지인들의 종교적 신실함을 보며, 정말 갠지스에서 멍 때리다 미칠지도 모른다는 말이 생각났다. 그들의 표정 속에는 신성한 장소를 찾은 영광과 마음의 평화가 깃들어 있었다.

정처 없이 가트를 거닐다가 다시 도네이션을 만났던 메인 화장터 근처에 발길이 닿았다. 최근에는 덜해졌지만 화장터의 시신을 사진으로 찍는 것은 관광객들이 삼가야 하는 불문율 중의 하나이다. 아주 상식적인 이유 때문

| 그들은 아무것도 않고 그저 보고만 있었다.

아닐까? 가족들은 사자(死者)를 떠나보내는 생의 마지막 성스런 의식을 치르고 있는데, 이곳을 방문한 외국인들은 단순한 호기심 혹은 이국적인 장면을 간직하려는 값싼 의도로 기념사진을 찍기 때문일 것이다. 나는 '화장되는 시신이 아니라 먼발치에서 보이는 화장터의 연기, 쌓인 장작들, 일꾼들의 형체 정도는 사진으로 담아도 괜찮지 않을까?'라는 자가 승인 하에 셔터를 눌렀다. 솔직히 이래도 되나 싶은 꺼림칙함이 있었지만, 관광객의 이 정도 일탈쯤은 문화적으로도, 심리적으로도 문제 삼을 것 같진 않았다. 그런데 이 틈을 놓치지 않고 누군가 내 옷깃을 잡아채더니, 다짜고짜 "지금 화장터 사진 찍었지?"라며 윽박을 질렀다. 헉, 누군가 봤더니 바로 아침 화장터에서 만난 도네이션이었다.

그는 여기에서 사진을 찍으면 경찰서에 가야 한다며, 수갑으로 손을 결박하는 시늉을 하였다. 아침과 똑같이 그의 표정과 목소리는 진지했다. "알았다. 그럼 지우겠다"고 하니, 그래도 안 된다며 함께 경찰서에 가자고 하였다. 그는 우리의 난감해하는 모습을 유심히 살펴보고는, 자

기가 이 위기를 벗어날 수 있게 돕겠다며 따뜻한 음성으로 말했다.

"너무 걱정하지 마라. 만약 나에게 적당한 돈을 주면 경찰서에 가서 큰 벌금을 물지 않아도 된다. 그리고 너희들은 가던 길을 가면 된다."

또 시작이었다. 단호하게 "못 주겠다"고 하자, 그럼 자신과 함께 경찰서에 가자고 하였다. "그래, 좋다. 나도 너와 함께 가야겠다"라며, 내가 앞장서서 갈 테니 따라오라고 했다. 이렇게 된 거, 그의 사기 행각을 낱낱이 경찰서에 모두 밝힐 요량이었다. 그는 호기가 넘치는 나의 모습에 순간 멈칫하다가 쭈뼛쭈뼛 뒤따라오기 시작했다. 그런데 몇 발자국이나 갔을까? 나를 따라오던 그가 갑자기 보이지 않았다. 주위를 둘러 찾아보니, 그는 벌써 다른 관광객을 골라 또 다른 사기행각을 벌이고 있었다. 갑자기 자신의 생업을 성실하게 수행하는 그의 모습에 너털웃음이 났다. 어찌 되었든 그의 경건한 안면 연기와 엄숙한 바리톤 목소리로 사람을 사로잡는 연기력만은 박수를 받을 만했다.

갠지스강의 지휘자는 그녀인가? 시바신인가?

가트에 앉아 푸자가 열릴 시간만을 기다리고 있을 때, 말쑥하게 생긴 한 남자가 찾아와 악수하자고 손을 내밀었다. 무심코 악수를 하는데, 그가 내 손을 놓지 않고 계속 주물러 댔다. 바로 길거리 마사지였다. 그는 25루피만 주면 머리에서 어깨까지 마사지를 해준다고 하였다. 계획된 일정도 없고 길거리 마사지에 대한 호기심도 있어 기꺼이 그가 안내하는 자리에 누웠다. 말이 자리이지, 뭇 사람들이 지나다니는 가트의 계단에 비닐 한 장 깔고 그 위에 민망하게 누워있어야 하는 곳이었다. 그는 능수능란하면서도 부드러운 손길로 나를 어루만져 주었다. 상반신만 한다던 마사지는 머리끝에서 발끝까지 이어졌고, 몸을 뒤집어 허리와 엉덩이 주위를 마사지하고, 다시 앉으라고 하더니 얼굴, 눈썹까지 주물러 주었다. 시간은 몇 분이 아닌 몇십 분이 흘러갔고, 내 몸 구석구석에 그의 손길이 닿지 않는 곳이 없었다. '이거 25루피 맞는 거야?' 마사지를 마친 그는 환하게 웃으며 말했다.

"당신이 행복했다면 원하는 대로 주세요."

최고의 서비스를 받은 나는 200루피를 건네며 참 좋았다고, 수고했다고 미소까지 덤으로 주었다.

덜고 더는 푸자의 여인들

갠지스강으로 해가 뉘엿뉘엿 지고 있었다. 푸자가 시작되는 6시쯤 되자, 다샤스와메드 가트에 사람들이 삼삼오오 모여들었다. 외국인 여행자도 꽤 눈에 띄었지만, 대부분은 인도의 힌두교도들이었다.

이 푸자의 정식 명칭은 강가 아르티(Ganga aarti: 힌두어로 갠지스강을 강가라고 함) 혹은 아그니 푸자(Agni Puja)라고 하는데, 브라만의 젊은 제사장들이 의식을 담당하고 있었다. 그들 대부분은 대학에 다니는 아르바이트생이라고 했다. 이 제식은 갠지스강의 시바신을 위한 것으로, 한 남성이 레코디언을 연주하며 노래를 부르는 것에서 시작되었다. 자리를 가득 채운 힌두교도들은 정갈한 모습으로 함께 노래를 불렀다. 아마도 신을 칭송하는 노래일 것이다. 암야(暗夜)의 갠지스 강가, 불이 춤추며 빛을 발하는 가트의 구석구석으로 퍼져나가는 이들의 노래는 힌두교도가 아닌 이교도들, 종교가 없는 이들까지도 최면에 빠뜨리기 충분했다. 제기에 갠지스강의 신성한 물을 퍼 담은 후에 본격적인 의식이 진행되었다. 7~8명의 젊은 제사장들이 방울, 향을 피운 항아리, 공작 깃털로 만든 부채 등을 들고 동서남북 사방을 경배하였다. 그들이 사방을 경배하는 동안 앞자리에 앉은 몇몇 사람에게 제단 위쪽에 설치된 방울과 연결된 끈을 주고, 계속해서 흔들라고 하였다. 의식 내내 요란한 방울 소리가 갠지스강의 시바신을 깨우고 부르고 찬양하였다.

푸자 의식의 불과 향, 방울 소리에 멍하니 의식을 놓고 있다가 자연스레 주위를 둘러보았다. 제식에 참여한 인도 사람들의 미소, 태도, 행동 하나하나에서 깊게 뿌리 내린 영적 평온함이 느껴졌다. 무리의 맨 바깥쪽에 가족으로 보이는 중년 여성들이 보였는데, 무슨 연유에서인지 눈을 뗄 수가 없었다. 두 손을 가슴에 모으고 조용히 속삭이며 의식에 집중하는 그녀들의 모습에 모종의 신비스럽기까지 한 신성(神性)이 느껴졌다. 그녀들은 누굴까? 아마도 고해성사하듯 진중한 표정으로 앞에 있는 여인의 귀에 속삭이는 여인은 시누이이지 않을까? 엄하면서도 인자한 모습으로 귀를 기울이고 있는 여인은 한 집안의 살림을 모두 책임지는 큰 며느리일 것이고. 집에 닥친 우환에서 벗어날 길을 찾든, 일상사 넋두리 푸념을 토해 내든 그녀들은 시바신 앞에서 뭔가를 덜어내고 있었다.

그동안 계속 드는 느낌이지만 인도인들의 눈과 미소에는 어느 곳, 누구한테서도 찾기 힘든 깊이가 있었다. 그것이 나의 편견에 의해 비롯된 느낌이라 할지라도, 물질적 향락이나 이익을 좇는 가벼움이 아니라 사람의 심연을 건드리는 모종의 힘이 있었다. 우린 얼마나 많은 위장막을 두르고 페르소나를 쓴 채 살고 있는가? 언제부터인가 나의 페르소나가 '내'가 된 것은 아닐까? 그녀들의 얼굴에서 내가 본 것은 화장기 모두 지워진 인간 본연의 순결함이었다.

푸자가 끝나고 우린 많은 사람들 틈에서 빠져나와 식당으로 발길을 옮겼다. 한 건물 앞을 지나다가 인도 특유의 수행자[사두(sadhu)]로 보이는 분이 있어 사진 한 컷을 찍었다. 미리 허락을 구해야 했을까? 사진을 찍고 뒤돌아서려는데, 갑자기 수행자가 큰 소리를 치며 손짓으로 가까이 오라고 나를 불렀다. 사진 한 번 찍었다가 된통 망신을 당할 판이었다. 머쓱해 하며 그에게 다가가자, 그는 손가락으로 내 사진기의 화면을 보여 달라고 했다. 그는 사진 속 자신의 모습을 보고는 아주 걸쭉한 목소리로 "구~우~읏" 하며 포효하듯 우렁찬 감탄사를 날렸다. 그러고는 한바탕 크게 웃으며 "정말 잘 나왔다" 오른손 엄지를 치켜세웠다. 봉변을 당할까 걱정하다 얼떨결에 칭찬을 받자, 혹시 이분은 나에게 큰 깨달음을 주기 위해 친히 인간의 몸으로 화하여 이곳에 나타난 시바신이 아닌지 의심스러웠다. 그 이후 내 귀에는 이명처럼 그의 걸쭉한 목소리가 메아리로 남아 "Goo~d!"이 시도 때도 없이 울렸다.

VARANASI

바라나시

삶과 죽음이 공존하는 곳

인도에 와서 좋은 점은 늦잠을 자도 무엇 하나 근심할 필요가 없다는 것이다. 시간을 볼 필요도 없고, 먹는 것이든 이동하는 것이든 어느 것 하나 의무적으로 할 것이 없었다. 그동안 물리적으로 정해진 시간 안에서 규칙적인 일상을 보내서 그런지, 몇 평도 안 되는 방의 낡은 침대 위 여유가 무한에 노니는 자유를 선물했다. 침대 위에서 빈둥거리는 나는 자유를 만끽하는 한량이었다. 특히, 힌두교의 성지 바라나시에서는 시간도, 공간도, 의식도 모두 자유 그 자체였다.

인도에 오면 많은 이들이 음식 때문에 애를 먹었다. 흔히 물갈이라고 하는 풍토 적응 시간이 누구에게나 찾아왔다. 그동안 그럭저럭 속이 편했는데, 바라나시에 와서 나의 장에서도 불편한 소식들이 자주 들렸다. 오늘은 벌써 다섯 차례나 화장실을 들락거렸다. 숙소 밖에는 갈만한 화장실을 찾기 어렵기에 가방에서 장에 좋다는 지사제와 소화제를 있는 대로 복용한 다음 숙소를 나왔다.

숙소에서 걸어서 5분이면 닿는 화장터 마니카르니카 가트로 다시 갔
다. 우리 셋은 누가 먼저랄 것도 없이 어떤 힘에 이끌려 화장터로 향했
다. 화장터의 모습은 어제와 똑같았다. 시신도, 장작도, 타오르는 시신
도, 타고 남은 재도, 갠지스강도. '오늘은 보고 싶은 것이 아니라 보이는
그대로를 온전히 받아들이자.' 아침 추위에 소, 개, 염소가 화장되는 시
신 옆에 붙어 온기를 느끼고 있었다. 계단 위에서는 육중한 무게의 소
한 마리가 아슬아슬하게 계단을 타고 불 곁으로 다가갔다. 한쪽에서는
시신이 타고, 다른 한쪽에서는 염소가 새끼에게 젖을 물렸다. 배고픈
염소는 시신 위에 뿌려놓은 꽃잎을 야금야금 씹어 먹었다. 개들은 이곳
이 어느 곳인지 관심도 없이 서로 장난치느라 분주하기 그지없었다. 한
공간에 공존하는 삶과 죽음이 하나가 되어 자연스럽게 어우러졌다. 삶
과 죽음이 인간 운명의 양면인 것처럼, 시바신이 창조와 파괴의 신인 것
처럼 그렇게 삶 속에 죽음이, 죽음 속에 삶이 함께 자리 잡고 있었다.

　가트를 따라 쭉 내려갔다. 중간에 좌판을 펴 놓고 인형과 사진을 파
는 소녀를 만났다. 장호가 사진을 찍어도 되느냐고 묻자, 물건 하나를
사면 사진 한 번을 찍을 수 있다고 했다. 아이의 당돌하면서도 귀여운

인도인들에게 갠지스강은 무엇일까? 책을 읽어도, 이야기를 들어도, 그들의 얼굴을 읽을 수 없다.

상술에 명랑한 유쾌함이 들었다. 장호와 나는 나무로 만든 장난감을 하나씩 산 후, 그녀를 약 올리기라도 하듯 약속된 횟수보다 더 많이 셔터를 눌러 대었다. 구두 계약에 따르면 물건 2개에 사진 2방인데, 우리는 오늘 이윤이 남는 거래를 한 것이 맞을 것이다.

정해진 목적지도 없이 거닐며 갠지스강에서 목욕하는 많은 사람을 보았다. 젊은 여자부터 할아버지까지 강물에 허리 정도 몸을 담근 채 자기만의 시간으로 동떨어져 있었다. 할머니들은 수치심도 없는지 윗도리도 걸치지 않은 반라(半裸)의 모습으로 강물에 들어갔다. 깔끔한 사람은 계단에 앉아 비누칠을 하고 있었고, 어떤 이는 발 정도만 물에 담그고 손으로 한 움큼 물을 떠서 몸에 뿌리기도 했다. 힌두교도는 갠지스강에서 목욕을 하면 자신이 지은 죄를 모두 씻을 수 있고, 죽은

두 손에 강물을 담는 그의 모습이 의식을 집전하는 사제 같았다.

뒤에 강물에 육신이 태워진 재를 흘려보내면 윤회의 사슬이 끊어져 다시 태어나지 않는 해탈에 이르게 된다고 믿고 있었다. 어찌 되었든 힌두교도들에게 있어 갠지스강은 생사 모두를 관장하는 어머니였다. 그리고 그 강은 찾아오는 모든 이를 품어주고 있었다.

우리가 걸음을 멈춘 곳은 갠지스 강가의 또 다른 화장터였다. 바라나시에는 두 개의 화장터가 있는데, 하나는 이미 방문했던 마니카르니카 가트의 화장터이고 다른 하나는 하리쉬찬드라 가트(Harishchandra Ghat)의 화장터이다. 이곳은 마니카르니카 가트의 화장터보다 작았으며, 정부에서 환경보호를 위해 만든 전기 화장터가 있는 곳이기도 했다. 우리는 화장터만의 독특한 냄새를 호흡하며 화장의 전 과정을 지켜보기로 했다. 빈부에 따라 100루피에서 1만 루피 이상의 나무를 사서 화장을 했는데, 여기에서 몇몇 시신은 메인 화장터와 달리 버려진 폐타이어를 장작과 함께 사용하였다. 그래서 그 시신이 태워지는 곳에서는 검은 연기가 피어올랐다. 아마도 충분한 나무를 살 수 없는 형편의 가난한 가족일 것이다. 시신을 태울 나무가 부족한 가족은 다 태워지지 않은 장기를 그냥 강에 던져야 했다. 가난의 굴레는 생의 끝자락까지 엉겨 붙어 있었다. 그렇지만 다 타든 덜 타든 인간이라는 이름 아래 죽음은 공평했다. 노랑 및 주황색 천으로 싸인 시신은 남자이고, 붉은색 천을 두른 것은 여자였다.

한 여인의 시신이 도착하였다. 먼저 시신을 갠지스 강물에 담그고, 가족들이 돌아가며 시신의 입에 강물을 넣고 몸에 물을 뿌렸다. 이 시신은 다른 시신보다 고급스럽고 화려한 천으로 장식되어 있었으며, 천 위에 뿌려진 꽃의 양도 상당히 많았다. 그 꽃을 먹으려 염소들이 몰려들었다. 잠시 후 초라한 모습의 다른 시신 한 구가 들어왔다. 가족이 별로 없는지, 몇 사람이 대충 강물에 시신을 씻기고 입에 몇 모금의 물을 넣은 후 곧바로 장작 위로 올렸다. 화장터의 일꾼들이 시신의 위치를 바로잡기 위해 시신을 좌로 우로 옮기기도 하고 다시 뒤집기도 하였다. 일꾼들이 시신을 거칠게 옮길 때마다 그냥 '몸뚱이'라고 불러도 이상하지 않을 육신이 물건처럼 이리저리 움직였다. 그의 아들인 듯 상주는 머리카락을 모두 밀고 정수리 부분에 몇 가닥의 털만 남긴 채 흰색 수의로 갈아입고 있었다. 장례는 사람이 죽은 지 24시간 안에 치러져야 하고, 오직 남자들만 화장터에 출입할 수 있었다. 화장하는 동안 여자는 집에서 기다려야 했다. 시신 앞에서 눈물을 보이면 망자의 혼이 편하게 세상을 떠나지 못하기에 화장터에 감정선이 여린 여자들의 출입을 금하는 것이었다.

아빠의 빈자리 아이의 빈자리

화장터 바로 위쪽에 남자 품에 안긴 네댓 살 정도의 아이가 눈에 들어왔다. 아이는 머리카락을 깨끗이 민 채 옷을 벗고 있었다. 아빠가 세상을 떠나 어린 아들이 상주 노릇을 하는 것일까? 아빠를 잃은 아이에게는 어떤 삶이 기다리고 있을까? 아빠의 빈자리는 아이가 성장할수록 더 커질 것이다. 그 빈자리를 채워주는 것이 곧 사회의 역할이고, 복지의 의미가 그 속에 있지 않을까? 가정의 위기에 따른 가장 큰 희생자는 아무것도 모르는 아이들일 것이다. 모두가 그런 것은 아니지만, 정서적 결핍이나 왜곡이 있는 아이들을 보게 되면 성장 과정에서 가정의 해체 혹은 가족 내 관계의 단절과 갈등이 크게 작용한 경우가 많았다. '아이의 질은 가정을 넘을 수 없다?'

가족 구성원 간 갈등의 골이 깊어질수록 그 피해는 고스란히 아이에게 갔다. 아직 세상을 감당할 준비도 안 된 어린아이들에게 그 책임은 너무도 무거운, 무서운 것이리라. 가족의 위기를 쫓다 보면 승자독식의 무한경쟁과 물화(物化), 그리고 값싼 욕망의 노예를 양산하는 가벼운 사회의 어두운 단면을 만나게 된다. 언제부턴가 사회는 곳곳에서 인간의 품격이 아니라 소유의 양을 삶의 가치 여부를 판단하는 잣대로 들이대었다. 부모는 소유의 양을 늘리려 안간힘을 쓰고, 가정은 소통과 공감, 교육의 장이 아니라 쉼터로 그 역할을 단순화시켰다. 지친 몸으로 집에 온 부모는 기대 수준에 못 미치는 아이들에게 이야기한다.

"누구 때문에 이렇게 힘들게 일하는데, 어떻게 네가 이럴 수 있어?"

혹은 자녀의 곁에 있지 못하는 시간의 부재와 미안함만큼 자녀에게 제공되는 물질적 보상은 높아만 간다. 물질적 풍요와 정신적 빈곤 사이에서 아이들은 정체성을 상실하고 기형적인 성장을 할 수밖에 없다. 영양실조인가? 영양 과잉인가? 영육이 균형 잡힌 아이를 만드는 것은 일차적으로 부모의 책임이다. 하지만 부모의 삶이 스프링벅처럼 앞만 보고 달리게 하는 것은 뒤처지면 잡아먹겠다고 으르렁거리는 사회의 책임일 것이다. '가정의 질은 사회의 질을 넘을 수 없다.' 아이를 보기 전 가정에 대해 말해야 하고, 가정에 대해 말하기 전 사회에 물어야 할 것이다.

한 시신이 오는데 여자 두 명이 그 뒤를 따라왔다. 화장터에서 처음 보는 여자였다. 시신을 바닥에 놓자마자, 사자(死者)의 얼굴을 가린 천을 벗기더니 오열을 하기 시작했다. 저 누워있는 사람은 누군가의 남편이고, 오빠일 것이다. 인도의 화장터 모습은 무표정하고 덤덤하다. 심지어 곡소리가 아닌 웃음소리와 가족들의 담소 나누는 소리만이 가득하다. 사람과 장소가 모순이었다. 처음으로 세상이 무너지듯 구슬피 우는 여인의 눈물과 애절한 곡소리를 들었다. 다신 볼 수 없는 영원한 이별 앞에 눈물을 흘려서는 안 된다는 금기조차 사라졌다. 나도 따라 눈물이 흘렀다. 그녀들의 울음이 멈출 기색을 보이지 않자, 화장터 일꾼이 다가가 이곳에서 그러면 안 된다며 밖으로 데리고 갔다.

모두 타버리면 이젠 끝이다. 별다른 것은 없다. 누군가는 태웠고, 누군가는

보이는 창살보다 보이지 않는 창살이 더 무섭다.

태워졌다. 한 명은 집으로 돌아가고, 한 명은 갠지스강에 뿌려졌다. 덜 탄 시신은 대나무 두 개로 집어 갠지스강에 던져졌다. 그런 다음에는 갠지스 강물을 항아리에 담고, 갠지스강을 등지고 서서 항아리를 뒤로 던져 깨뜨렸다. 그리고 이제 다시는 뒤를 돌아보지 않았다. 화장터에서의 의식은 그렇게 끝이 났다.

엉덩이를 털고 화장터에서 나오는데, 장호가 "형~!" 하며 옆구리를 찔렀다. 어떤 남자가 하얀 천에 쌓인 무언가를 품고 강가로 걸어가고 있었다. 그 뒤에는 한 여인이 넋이 나간 채 미동도 없이 서 있었다. 얼굴에는 기쁨과 슬픔, 그 어떤 감정도 없었다. 감정이 꺼져 있었다. 하얀 천에 쌓인 것은 아기였다. 갓난아이가 죽은 것이다. 어린 나이에 죽은 아이들은 현생에서 지은 죄가 없기에, 힌두교의 관습상 화장하지 않고 갠지스

강에 던져졌다. 판판한 돌에 아이를 올려놓고 끈으로 묶었다. 아빠는 가까이에서 두 손을 모은 채 아이가 묶여지는 모습을 보았고, 엄마는 아이와 함께 죽은 채 서 있었다. 무정(無情)의 상태로 정지되어 있었다. 저 아인 어떤 사연으로 이렇게 일찍 삶을 마감하였을까? 아이를 실은 배가 갠지스강으로 미끄러지듯 나아가는 모습을 보며 지그시 눈을 감았다.

'걱정 마라, 아가야. 아름다운 다음 생이 너를 기다리고 있을 테니까. 이생에서 못다 한 삶 뒤로 하고 잘 가려무나. 너는 아버지와 어머니의 눈물 속에 계속 살아있을 거야. 눈동자에 잔잔히 타오르는 눈물이 빛이 되어 어둠을 밝힐 거야.'

물도 불도 타오를 수 있다는 것은
슬픔을 가져본 자만이 안다.
여름날
해 저무는 바닷가에서
수평선 너머 타오르는 노을을
보아라.
그는 무엇이 서러워
눈이 붉도록 울고 있는가.
뺨에 흐르는 눈물의 흔적처럼
갯벌에 엉기는 하이얀
소금기.
소금은 슬픔의 숯덩이다.
사랑이 불로 타오르는

왜 하필 인도야

빛이라면

슬픔은 물로 타오르는 빛,

눈동자에 잔잔히 타오르는 눈물이

어둠을

밝힌다.

_오세영, '눈물'

여성 여행자들의 안전수칙

우리는 먹먹한 마음을 안고 갠지스강으로 나아가는 한 배에 탔다. 배 위에서 초에 불을 붙여 강물에 띄웠다. 불은 강 위에 띄워지자마자 훅 꺼져버렸다. 제발 내 소망을 들어 달라 부탁했는데, 갠지스강은 단박에 소망의 불을 꺼뜨리며 거절했다. 갠지스강은 속삭였다.

'소망은 당신의 마음에서 피어오른 욕망이거늘 빌 곳이 어디겠습니까? 다시 마음으로 눈을 돌리세요.'

해가 지며 가트로 향하는 배 아래로 화장터에서 타오르는 죽은 자의 불과 푸자 의식을 올리는 산 자의 불이 끝 모르게 그림자로 드리워졌다. 저 심연의 강 아래에는 보에 쌓여 돌에 묶인 아이가 억겁의 시간으로 가라앉아 있을 것이다.

온종일 갠지스강 곁에 있으며, 긴 시간 각자 다른 사연을 담고 여기까지 흘러든 제강물의 바람 춤사위를 보았다. 강물은 자기가 흘러온 길을 기억하련가? 시작이 어디건, 지나쳐 온 것이 어디건, 더럽혀지기도 하고

맑게 씻어주기도 하며 여기까지 온 것이리라. 이제 그 작은 사연이 담긴 물이 모두 한 덩어리로 융화되어 바다로 흘러들어 가는 마지막 여정을 함께하고 있었다. 누구도 그 탄생을, 살아온 세월을 묻지 않고 온전히 너와 섞여 흐를 뿐이었다.

작은 천들이 큰 강을 이루는 모양이 꼭 퍼즐과 닮았다. 작은 조각들이 모여 제 모습으로는 상상도 못 할 판타스틱한 퍼즐로 완성된다. 그 어떤 작은 조각도 자신이 어떤 작품의 한 조각이 될지 알지 못한 채, 미완의 작품이 서서히 형체를 갖춰가며 만들어지고 있다. 이것이 중요하다. '만들어지고 있다.' 설계도가 없는 데도 수많은 조각이 만나고 흩어지며, 세상에 없었던 퍼즐이 만들어지고 있는 것이다. 이 퍼즐 조각이 우리의 삶이라면? 작은 퍼즐 조각은 미완의 존재들이지만, 그 완성된 모습은 신비롭고 아름다우며 쉽게 부서지지 않는다. 퍼즐은 작은 조각의 합이다. 하지만 작은 퍼즐들의 합은, 관계들의 합은 그 총합을 뛰어넘는 가치를 만들어낸다. 세상은 이렇게 운행되며, 사람은 이렇게 살아가는 것이다.

숙소로 돌아와 보니, 라운지에 젊은이들이 모여 어수선하게 이야기를 나누고 있었다. 특히 이제 도착한 듯 배낭을 옆에 끼고 앉아 있는 젊은 여대생의 화와 분이 뒤섞인 음성이 이곳을 모두 채우고 있었다. 배가 아파 방 안의 화장실에 앉아 있는데, 라운지로 뚫려 있는 천장 틈으로 또 그 여대생의 음성이 들려왔다. 알고 보니, 환전소에 들렀다가 현지인이 가슴을 만지는 성추행을 당했다는 사연이었다. 자신의 가슴을 만진 환전소 주인에게 이게 무슨 행동이냐며 화를 냈더니, 이곳의 풍습이라고 하였단다. 그리고 나중에는 자기가 만진 증거라도 있느냐며 오리발을 내밀었다고 했다. 한바탕 분을 쏟아낸 그녀는 언제 그런 일이 있었냐는 듯 금세 덤덤한 웃음을 터트렸다. 그 웃음의 의미는 무엇일까? 수치심과 분노가 극에 다다를 때 일어나는 허탈함 같았다.

인도에 오기 전에도, 온 후에도 자주 듣게 되는 소식이 바로 외국인 여성과 관련된 성범죄였다. 이곳 인도 사람들은 그들끼리도 남부, 북부 지역 출신의 피부색 정도에 따라 사람을 차별하는 문화가 심하다고 하였다. 백색 증후군이다. 그들이 보았을 때 뽀얀 피부를 가진 동아시아인이나 백인 여성들은 미지의 신세계에서 온 미인들인 것이다.

인도에 홀로 여행을 온 많은 한국 여성을 만났다. 의아하게도 그녀들은 성범죄가 빈번한 인도를 그리 심각하게 생각하지 않았다. 다만 여행에 있어 몇 가지 수칙을 가지고 있었다. 관광객이 많이 방문하는 도시를 중심으로 여행할 것, 여행자의 발길이 닿지 않는 시골이나 오지는 절대 찾아가지 말 것, 늦은 밤 대중교통을 자제하고 인적이 드문 거리를 돌아다니지 말 것, 위험요소가 있는 체험 등은 여행자를 묶어 단체로 참가할 것 등이었다. 대부분 인도를 간다고 하면 사람들은 '왜 하필 인도야?'라고 한다. 가려는 사람이나 말리는 사람이나 다 할 말은 있지 않겠는가?

VARANASI

바라나시

너 네팔인이지?

 새벽부터 바라나시에 비가 내리고 있었다. 우린 세월아 네월아 방에서 꼼짝하지 않고 누운 채 더없이 무료한 시간을 보냈다. 그리고 이불을 뒤집어쓴 채 그동안 말 못하고 쌓아 두었던 여행의 뒷이야기, 사는 이야기 등 두런두런 사람살이를 풀어놓았다. 그리고 고양이처럼 서로의 생채기를 그루밍해 주었다.

 비가 조금 그칠 기미를 보여, 나름 뭇 여행객들의 입에서 맛집으로 회자되는 라시 가게를 찾아갔다. 밤새 얼마나 많은 양의 비가 내린 것인지, 골목골목이 침수되어 길을 찾아가기가 수월치 않았다. 고인 물은 모두 황토색이었다. 그 많던 소똥은 보이지 않았다. 빗물에 씻겨 갠지스 강으로 찾아들고 있겠지? 라시는 화학 첨가물이 섞이지 않은 인도 요거트라고 생각하면 된다. 장이 좋지 않은 여성들에게 아주 인기라고 했다. 많은 사람이 이 라시 집을 추천해 주었는데, 정말 어느 곳에서도 맛

볼 수 없는 진미(珍味)의 요거트를 경험했다. 라시를 먹고 길을 나섰는데도, 비가 그치기는커녕 빗줄기가 점차 거세지고 있었다. 현지인들은 우기가 아닌데도 이렇게 하루 종일, 그것도 많은 비가 내리는 것이 의아하다고 하였다.

바라나시는 걷는 것만으로 그 여느 여행지보다 많은 볼거리, 느낄 거리, 생각 거리를 만나게 해준다. |

근처 처마 밑에서 비를 피하고 있는데, 바로 옆에 있던 현지인이 내 얼굴 생김새를 곁눈질하다가 용기를 내어 물었다.

"혹시 당신 네팔인입니까?"

네팔인요? 아무리 내 외모가 남아시아의 인종적 특질과 유사성이 보인다고 하더라도 '네팔인이냐'는 직구는 나를 움찔하게 했다. 그동안 이런 상황에 자주 노출되어 본의 아니게 갖게 된 외모와 인종에 대한 내 넓은 관용으로, "이래 봬도 전 한국인입니다"라고 웃으며 넘겼다. 한번은 인도에 방문한 첫날 파하르간지에서 꾸뜹 미나르로 가는데, 지나가는 현지인이 가던 길을 멈추고 다가와 말을 걸었다. 나는 지레 "너 인도인 닮았다"라는 말을 할 줄 알고 웃음으로 받아넘길 생각을 하고 있었다. 그런데 그의 입에서 나온 말은 생뚱맞은 딴소리였다. 나에게 어딜 가느냐고 하여 탑을 구경하러 간다고 하자, 자신의 성기를 만지며 "I have a good tower"(난 좋은 탑을 가지고 있다)라고 희롱하는 것이었다. 밤에는 새까만 녀석이 은근슬쩍 다가오더니, "마리화나? 마리화나?" 내 귀에 은밀히 속삭였다. 하여튼 나를 보고 반갑게 말을 거는 그들의 정체는 오리무중이었다. 이 또한 직접 그곳에 가지 않으면 알 수 없는 인도이다.

진리가 너희를 자유케 하리라

릭샤를 타고 성당을 찾아갔다. 인도에 온 이후로 예배를 못 드린 병오 형이 성당의 예배 시간을 알아보기 위해서였다. 성당의 문은 닫혀 있었고, 예배 시간은 우리가 바라나시를 떠난 이후였다. '형님, 예배당이 따로 있겠습니까? 신을 경배하고 신의 가르침을 실천할 수 있는 모든 곳이 예배당이겠지요!' 간혹 예배당과 세상을 분리하여 신앙생활을 하는 사람을 보게 된다. 뭐라고 해야 할까?

신을 향한 마음의 안식과 평화는 개인의 영역에 갇히면 안 된다. 아무리 현란하고 해박한 말과 지식으로 성경 말씀을 전할지라도, 신앙을 갖고 난 이후의 놀라운 변화에 대해 고백할지라도, 그의 영혼과 세상을 대하는 삶의 태도에서 복음이 속삭이듯 전해져야 한다. 자신의 신앙이 나와 세계를 분리해 놓는 장벽으로 작용해서는 안 된다. 나는 신앙 안에서 은혜와 평온함에 깃든 감사한 삶을 사는 반면, 당신들은 신앙을 가지지 못한 안타깝고 불행한 사람이라고 동정심을 가져서는 안 된다. 종교적 진리를 알려고 하지 않는 그들을 탓해서도 안 된다. 가장 아름답고 하나님이 보시기에 심히 좋은 전도는 무엇일까? 그의 삶에서 복음이 번져나가는 것이다. 그의 세심한 말 한마디, 남을 배려하고 품어주는 너그러운 태도, 외적 자극에도 동요하지 않는 평정심, 아프고 상처받은 사람을 위해 눈물을 흘릴 줄 아는 공감, 불의를 보고 저항할 수 있는 양심적 용기, 그리고 사람을 대함에 있어 한 점의 거짓도 없는 진실함과 나와 다른 사람을 똑같은 인간으로 존중하는 삶의 모습에 복음이 담겨 있을 것이다. 이것이 바로 예수의 삶이고, 예수가 가르쳐준 삶이 아니던가? 예수를 닮고자 하는 것이 신앙이 아니던가?

곁에 있는 사람 하나 배려하지 못하면서, 곁에 있는 그들의 작은 아픔 하나 이해하고 공감하지 못하면서, 작은 이익과 일신의 편안함을 위해 자신을 내려놓지도 않으면서, 부와 권세, 명예를 성취하기 위한 욕망에서 자유롭지도 못하면서, 어찌 예수님의 가르침을 따르라고 우리에게 다그치고 있는 것일까? 루터의 시대가 고민한 것은 무엇인가? 교회의 세속화와 성직자의 권력화가 아니던가? 교회는 하나님께 예배를 드리기 위해 잠시 세속의 땅을 빌려 쌓아놓은 성소(聖所)이다. 금방 닳아 없어지는 달콤한 사탕처럼 채워지지 않는 세속의 욕망을 충족시키려 달라고, 내가 간절히 바라는 소원을 꼭 이루게 해달라고 청탁하는 곳은 결코 아니다. 결국 욕망의 기도는 신이 아니라 교회가 듣게 되고, 교회는 그와 함께 힘과 권력이라는 특권을 손에 쥐게 된다. 그리고 교회와 신도는 수직선 상의 서열을 갖게 되어 위에서 은혜를 베푸는 교회는 신도를 내려다보며 군림하게 되고, 아래에서 구애하는 신도는 교회를 올려다보며 맹종하게 된다. 그곳은 더 이상 하나님의 자녀가 형제애로 이어진 곳이 아니라 권력이 기생하는 속세의 다른 공간이 된다.

　교회는 예배당이다. 신에게 내 죄를 토해내고, 회개하고, 하나님의 가르침과 말씀대로 살지 못하는 나의 아집을 채찍질하는 곳이다. 나의 눈물을 닦아 주고 내 등을 토닥토닥 보듬어주는 위로가 있는 곳이다. 나의 눈물을 온전히 받아줄 수 있는 분도 그분이요, 내 죄를 숨김없이 날것으로 끄집어내게 하는 분도 그분이요, 좌절과 절망에 무릎 꿇어도 괜찮다며 내 손을 잡고 일으켜 세워주는 분도 그분이요, 넌 할 만큼 다 했다며 수고로움을 격려해주는 분도 그분이다. 교회는 이렇듯 신을 만나는 안식처이다. 유한함과 불완전함에 기인하는 내 치부를 드러내는 현세의 가장 적나라한 곳이자, 전지전능한 절대자의 음성을 통해 영욕의 죄를 씻겨내는 곳이기도 하다. 토하며 씻는 곳이다. 구토의 장소이자, 정화의 장소이다. 유한과 무한, 불완전성과 완전성, 창조물과 피조물이 마주 서는 곳이다. 루터는 말했다. 바로 그 교회로 돌아가자고.

도대체 목사가, 성직자가 누구란 말이더냐? 심부름꾼이다. 배달부이다. 성과 속을 이어주고, 하늘과 땅을 이어주는 끈이자 다리이다. 인간의 가슴에 맺힌 응어리를 보듬어주고, 침묵 뒤에 숨겨진 상처를 하나님 앞으로 끄집어내주는 마중물이다. 하나님의 말씀은 그 누구도 독점할 수 없다. 오직 '나'만을 통해서만 하나님을 만날 수 있다? 그는 그 순간 하나님의 아들임을 자처하는 불경죄를 저지르게 된다. 십자가에 못 박혀 죽은 예수의 희생이 아니라 예수의 권세만을 탐하는 거짓 성직자가 된다. "내가 너희를 사랑했듯이, 너희도 서로 사랑하여라" 하며 고혈을 흘리신 그분의 껍데기만 빌려 쓴 사기꾼이자, 선동가이자, 위선자이다. 메시아가 이 땅에 다시 내려오기 전에 스스로를 신이라고 자처하는 거짓 예수가 등장한다고 했다. 그 거짓 예수가 누구이겠는가? 예수를 훔친 사람들이다. 예수의 눈물을 한낱 자신의 권력과 영예를 위해 이용하는 위선자들이다. 예수가 사랑했던 버림당한 이들, 상처받은 이들, 주저앉아 울고 있는 이들을 외면하고, 양지만을 좇아 살며 천국이 가까워졌다고 선동하는 이들이다. 누구나 성서를 읽고 하나님과 직접 소통하며 그분을 만날 수 있다. 성직자는 그곳으로 우리를 안내해주는 목자이자, 세상의 유혹에 휩쓸리지 않기 위해 우리를 붙잡아주는 파수꾼이다. 그곳에 이를 때까지 우리의 손을 결코 놓지 않는 친구이다. 그의 입에서 '나밖에 없지 않은가?', '나의 말을 믿고 따르라'라는 오만함이 어찌 나오겠는가? 예수는 "진리가 너희를 자유케 하리라"라고 말했다. 진리를 따르는 이들이여, 진리가 너를 속박하게 해서는 안 된다. 진리가 너를 세상과 떨어뜨려 놓으면 안 된다. 진리가 나와 너의 높은 장벽이 되어서는 안 된다.

왜 하필 인도야

첫날 바라나시에 도착해 가트를 거닐 때의 일이다. 가트 벽에 현수막 하나가 걸쳐 있었는데, 한국어로 '매주 ○요일 5시 반에 이 장소에서 음악 콘서트가 있습니다'라고 쓰여 있었다. 우리는 그 현수막을 보고 '이곳에 방문한 한국인들이 현지인과 여행자를 위해 이런 자선 행사까지 하는구나'라며 흐뭇한 감동을 받았다. 하지만 그 콘서트는 순수한 재능기부 행사가 아니라 기독교 단체에서 주최하는 종교 행사였다. 우리가 현장에 왔을 때, 두 기타 연주자의 반주에 맞추어 일군의 무리가 안무와 함께 가스펠송을 부르고 있었다. 가스펠 기타 소리는 스피커를 타고 힌두교의 성지인 바라나시에 요란하게 울려 펴졌고, 순간 바라나시의 고요와 평화는 모두 파편이 되어 쪼개지고 있었다. 그들은 일명 기독교에서 말하는 '땅 밟기'를 하고 있는 것이었다.

구약성서 〈여호수아서〉에 보면 모세의 후계자 여호수아의 인도로 이스라엘 백성이 요단강을 건너 가나안 땅을 정복하는 내용이 나온다. 가나안 땅 가운데 첫 성인 여리고성을 정복하기 위해 이스라엘 백성들이 제일 먼저 한 일은 하나님의 명령으로 여리고성 주변을 도는 것이었다. 그리고 7일간 여리고성 주위 땅을 빙빙 돌며 밟자, 난공불락의 요새인 여리고성의 성벽이 무너졌다. 이렇듯 땅 밟기는 '곧 정복할 지역을 미리 발로 밟음'을 의미한다. 이후 땅은 눈에 보이는 땅이 아니라 사람의 마음까지 의미가 확대되었다. 불신의 땅에, 불신자의 마음에 복음이 전파되기를 기도하며 땅을 밟는 것이다. 그들은 지금 힌두교도들의 생사가 시작되고 끝나는 지점인 바라나시에서 땅 밟기를 하고 있는 것이었다.

바라나시에서 스피커로 울려 퍼지는 기도와 찬양 소리가 복음이 아니라 인간의 속됨을 전도하는 것으로 느꼈다면 비난받아 마땅할까? 정말 이 모습이 하나님이 보시기에 심히 좋았을까? 잠시 후 그들은 큰 배 한 척을 전세 내어 선상에 둘러앉아 찬송가를 불렀다. 바라나시의 갠지스강 상류에서 하류까지 어느 곳 하나 빠뜨리지 않고 돌아다니며 찬송가를 불렀다. 우리 중 이들의 모습에 가장 언짢아한 것은 다름 아닌 병오 형이었다. 우리 셋 가운데 유일하게 신앙을 가진 형 아니던가? 병오 형은 우리에게 '예수의 삶을 본받아 사는 것', '나와 다름을 존중하는 것', '사랑과 관대함의 실천'에 대해서 말해 주었다. 인도인들은 그들이 뭘 하고 있는지도 모른 채 노랫소리를 따라 주변에 모여들었다. 몇몇은 노래에 리듬을 맞추며 음미하기도 했다. 누군가 그들에게 가서 '저 한국인들은 지금 이런 이유로, 이곳에서 저런 행동을 하고 있는 것입니다'라고 말한다면, 그들은 어떻게 반응할까? 화를 낼까? 아니면 그것조차 모두 힌두교의 문화 속으로 수용할까?

찬송가를 부르는 그들의 얼굴과 노래에 맞추어 율동 하는 모습이 그렇게 성스럽지 않게 보이는 것은 무엇 때문일까? 저들과 함께하고 싶은 생각이 들지 않는 것은 무엇 때문일까?

지금처럼?

    숙소 근처의 골목을 몇 바퀴 돌아 드디어 빵집을 찾았다. 우리가 빵을 먹고 싶어 찾아 헤맨 것이 아니라 지금 묵고 있는 숙소에 맡겨진 한 아이를 위해서였다. 오늘 아침 숙소 옥상에서 식사를 하다가 주방 맨 안쪽 어두운 구석에 쭈그리고 앉아 있는 예닐곱 살쯤의 아이를 보게 되었다. 숙소 매니저에게 그 아이의 사연을 물어보니, 인근 이웃에 사는 아이인데 원인 모를 심각한 병에 걸려 이곳에 1주일간 맡겨졌다고 했다. 아이의 옆에는 젊은 아버지도 보였다. 현지인 부모가 아픈 아이에게 해 줄 수 있는 전부는 곁을 지켜주는 것뿐 적절한 의료 혜택은 소원해 보였다. 아마도 부모는 죽음이 찾아드는 아이를 열악한 환경에 방치하는 것보다 이곳으로 잠시 옮겨 놓는 것이 더 나을 것이라고 판단한 모양이었다.

    아들의 손을 잡고 빤히 우리를 쳐다보고 있는 아버지의 시선을 외면할 수 없어 발길이 쉽게 떨어지지 않았다. 우리의 마음을 아는 걸까? 주룩주룩 구슬피 비가 내렸다. 우린 처마 아래에서 작은 정성이라도 도움을 주는 것이 어떻겠냐는 의견을 모았다. 매니저를 찾아가 조금이나마 경제적인 도움을 주고 싶다고 하니, 그는 어떤 이유인지 그럴 필요까진 없다고 했다. 그리고 아이가 좋아하는 빵이라도 사다 주면 그것으로 족하다고 하였다. 생사의 경계선을 넘나드는 아이에게 우리가 줄 수 있는 것은 고작 치즈 케이크 한 조각밖에 없었다.

    한국인 매니저와 옥상 식당에서 조촐한 바라나시 송별연을 가졌다.

매니저는 인도에서 남미까지 두루 배낭여행을 다녔던 분이었다. 게스트 하우스를 운영하는 부부가 한국으로 들어간 사이, 잠시 이곳을 맡아 보고 있다고 하였다. 게스트하우스의 주인 부부는 인도인 남자와 한국인 여자 커플이었다. 여자분의 직업은 의사인데, 국경 없는 의사회의 회원으로 인도에서 봉사활동을 하다가 남편을 만났다고 하였다. 참 이런 인연이 있을까? 그들의 사랑이 하나의 영화 스토리 같았다. 여기까지 오면서 많은 장애와 역경을 극복해 왔을 터, 세상과 가족의 편견 앞에 그들이 지키고자 했던 것은 사랑의 힘이었을 것이다. 부부는 한국으로 아이를 출산하러 갔다고 했다.

　여행에서 만나는 이런 비일상의 삶을 살아가는 사람과 사건들은 거꾸로 내 삶을 더 깊이 성찰해보는 계기가 되었다. 정작 삶에서 가장 중요한 가치가 무엇인가를 묻고, 지금 나는 행복한가에 대해 의문을 던졌다. 매니저는 부부의 러브 스토리에 이어 자신의 이야기도 풀기 시작했다. 그는 지구 곳곳의 수많은 곳을 여행 다녔는데, 자기 나름의 기준으로 여행지 순위를 매겼다. 1위는 남미 볼리비아의 우유니 소금 사막이고, 네팔의 안나푸르나와 인도의 판공초가 공동 2위라고 하였다. 그렇게 지금까지 떠돌아다니며 살아왔고, 이후로도 그렇게 살 것이라고 했다. 그의 표정이 빛났다. 나 또한 지금까지 살아왔던 것처럼 그렇게 살고 싶다고 자신 있게 말할 수 있을까?

왜 하필 인도야

VARANASI

바라나시

정지는 죽음이 아니라 쉼이다

게스트하우스에서 투숙객에게 무료로 새벽 보트 투어 서비스를 제공해 주었다. 새벽 6시, 십여 명의 여행객이 여명이 깃들기 시작하는 갠지스강에 나가 새벽 배를 탔다. 갠지스는 아직 새근새근 잠들어 깨어날 줄 몰랐다.

사람이 사람을 만나면 사람이 된다. |

바라나시 마지막 날이다. 더 이상 이 맛을 볼 수 없다는 아쉬움에 라시를 먹고, 여행사에 들러 델리에서 출발하는 암리차르행 기차표를 예약하였다. 원래 계획에는 델리에서 하루 머무른 후 북부 마날리로 갈 예정이었는데, 어제 매니저의 말에 따르면 지금은 한겨울이라 마을 전체가 꽁꽁 얼어붙어 있고 게스트하우스의 문도 다 닫혀 있을 것이라고 하였다. 우린 어쩔 수 없이 암리차르를 대안으로 선택할 수밖에 없었다.

떠나기 전 마지막으로 갠지스강을 찾아갔다. 메인 화장터 바로 옆에 있는 상카타(Sankatha) 가트에 앉아 있는데, 누가 보기에도 인도인의 근원같이 생긴 인도인이 찾아와 배를 타라며 채근하였다. 델리에서 만났던 시크교도 릭샤 왈라와 똑같은 삶의 깊이와 지혜, 그리고 편안함이 느껴지는 사람이었다. 그의 이름은 수주였다. 우리가 "점심을 먹은 후 이곳에 와서 꼭 배를 타겠다"고 약속하자, 수주 노인은 싱글벙글 손으로 자기 가게를 가리키며 "그러면 여기에서 기다리겠다"고 하였다.

우린 한 카페에서 밥을 먹다가 웨스트벵골(West Bengal) 주의 한 대학에 다니는 학생을 만났다. 마치 같이 온 일행처럼 옆에 앉아 밥을 먹고 서로의 이야기가 시작되었다. 이미 병오 형은 가트에 산책 간다고 떠났고, 장호와 나만 남아 여기까지 온 그의 사연을 들었다. 그는 한국에서 낮은 성적으로 시답잖은 대학에 진학하느니 인도에서 새로운 도전을 해보겠다고 결심했고, 부모님의 허락하에 인도에서 유학 중이라고 하였다. 그는 바라나시를 처음으로 방문하였는데, 기대보다 별로라며 인도 북부에 있는 맥그로드 간즈를 최고로 쳤다. 왜냐고 묻자, 때 묻지 않은 소탈한 답변이 왔다.
"방값과 음식값이 싸니까요. 히히."

그는 하나의 또 다른 세계였다. 홀로 길 없는 길을 개척하고 있었다. 내가 걷는 곳이 곧 길이 되는 것이다. 최초의 길, 빠른 길, 화려한 길이 아니라 나의 존재 의미와 행복, 이상향이 녹아 있는 나만의 길을 걷고 있기에 그는 아름다웠다. 누가 먼저 걸어간 길이다? 그건 중요치 않다. 목적지까지 늦게 가는 길이다? 상관없다. 외롭고 힘든 길이다? No problem. '나의 길'이기에 그 길은 유일무이한 길이다. 세상의 수많은 길 중 나의 길을 걷는 사람이 몇이나 될까? 일상의 많은 길은 선택의 여지가 없는 길, 걸어야만 하는 길, 질문을 던질 필요가 없고 수많은 역사의 축적물로 놀라운 결과가 입증된 길이 아니던가? 나의 길을 걷기 위해서는 의심과 질문으로 세상과 그들이 가르쳐 준 대지를 붕괴시키고 부정하는 과정을 거쳐야 한다. 부정을 통해야만 긍정의 대지에 이를 수 있다. 부정은 악이 아니다. 부정의 눈이 과거를 향한다면 부정에서 멈출 것이요, 부정의 눈이 미래를 응시한다면 부정의 씨앗은 생명이 약동하는 긍정의 열매를 주렁주렁 맺게 될 것이다. 부정으로부터 발전해 나가는 변증법은 역사뿐 아니라 우리의 삶에도 그대로 적용될 수 있다. 역사와 인간의 삶은 공히 시공(時空) 위의 운동이자 생성변화의 흐름에서 살찐다.

그러나 운동과 운동 사이에는 쉼이 있어야 한다. 거센 물결은 쉼 없이 몰아쳐 흐르다 호수와 바다에 다다르며 속도 '0'에 머무르게 된다. 정지는 죽음이 아니라 쉼이다. 죽음은 기다림이 없지만, 쉼은 기다림이 있다. 쉼은 운동과 운동 사이의 갈라진 틈이다. 틈은 균열이고 갈라짐이자, 수용의 통로이고 들숨과 날숨이 들락거리는 대지의 숨구멍이다.

그래서 쉼과 틈은 삶의 본연을 드러나게 하는 장이다. 높이와 속도가 아니라 넓이와 깊이를 이름 붙이는 장이다. 정적인 쉼과 벌어진 틈에서 깊은 뿌리가 내려지고 새로운 창이 열린다. 생성의 '쉼'이요, 창조의 '틈'이다. 쉼에는 오감이 정지된 채 햇살이 찾아들고, 틈에는 쉭쉭거리며 미풍이 불어 든다. 드디어 성찰의 시간이 시작되고, 무(無)의 공간에 존재하고, 창조와 파괴가 무한히 허용되는 성장이 이루어진다. 쉼과 틈에서 햇살과 바람을 맞은 나무는 깊은 뿌리를 내리게 된다. 뿌리 깊은 나무는 지친 자들이 쉴 수 있는 넓은 가지와 잎사귀를 키워내고, 배고픈 자들의 목을 축여주는 열매를 맺게 될 것이다.

> 모든 것에는 갈라진 틈이 있어 (There is a crack in everything)
> 빛이 스며들 수 있다네. (that's how the light gets in.)
>
> _레너드 코헨

심장이 오그라지도록 갈기갈기 찢어지도록 아파했던 모든 상처는 정지된 틈에서 아물고, 그곳에 곱고 건강한 새살이 돋아난다. 햇살을 받고 미풍에 내맡기며 긴 호흡을 한다. 깊은 폐로부터 힘찬 호흡이 용솟음치자 순결한 미소가 얼굴에 퍼진다. 회색은 옅은 분홍색으로 화해 홍조 띤 미소년으로 만든다. 이제 다시 힘차게 세상을 향해 박차고 나가야 한다. 오늘은 그대의 탄생의 날이자, 새 생명을 부여받은 부활의 날이네. 그대의 미소가 어찌 그렇게 아름답소? 그대, 축하하네.

이 친구는 지금 자신의 길을 걷는다. 부정은 긍정에 이르렀고, 내달리던 물은 잠시 쉬기 위해 바라나시에 이르렀다. 과거와 미래 사이의 틈에서 깊은 뿌리를 내리는 작업을 하고 있다. 이제 그는 세상으로 나가 줄기를 뻗고 잎사귀를 펼치고 열매를 맺게 될 것이다.

그는 인도 역사학과를 졸업한 후, 귀국하면 군대에 간다고 하였다. 이후 어떤 삶이 그를 기다리고 있을까? 이보시게, 돈은 언제나 대출받을 수 있지만 시간은 대출받을 수 없다네. 물건은 렌트할 수 있지만 사람은 렌트할 수 없다네. 부디 시간을 소중히 여기고, 사람을 사랑하며, 운동과 쉼의 순환이 멈추지 않게 살게나. 물이 흐르는 대로 동정(動靜)하는 물레방아가 되시게. 바람이 불면 돌고 멈추면 쉬는 풍차가 되시게. 무턱대고 살기도 하고, 무턱대고 세상에 자신을 던져도 되네. 삶 자체가 무턱대는 과정이 아닌가? 무턱대는 것이 살고 있다는, 살려고 한다는 증거라네.
'성실한 것은 하늘의 도요, 성실해지고자 노력하는 것은 인간의 도이다. [誠者 天之道也, 誠之者 人之道也.]'

우리 테이블 옆으로 영어가 능숙하지 못한 스님들이 들어왔다. 그분들은 음식 메뉴보다 음식에 넣어서는 안 되는 재료를 세세하게 주문하느라 힘든 싸움을 치렀다. 주문을 받으러 온 직원 또한 Seafood, MSG, Meat 등 한국어와 영어가 섞인 스님들의 제3 세계어를 이해하느라 식은땀을 흘렸다. '우리 스님들, 식사 맛나게 하세요!'

식사 후 약속했던 수주 노인을 찾아가 보트를 탔다. 막상 배에 올라타자, 노인이 아닌 다른 젊은 친구가 노를 저었다. 알고 보니 수주 노인은 몇 개의 배를 소유하고 있는 작은 그룹의 보스였다. 젊은 친구는 별말 없이 노를 저었다. 그의 침묵에 마음이 편안해졌다. 갠지스 강물의 흐름에 배가 출렁이며 잔잔히 부유하는 호젓함이 찾아들었다. 배는 이슬람 모스크가 있는 가트까지 내려갔다가 다시 화장터로 뱃머리를 돌렸다. 화장터 앞에 배를 멈추고 불타는 시신을 지켜보았다. 시간이 멈추고, 나와 세상 또한 모두 정지되었다. 다만 화장터만은 분주하게 제 일을 하고 있었다. 화장터 앞 강 아래에 낯선 사람들이 보였다. 화장터 앞에서 목욕하는 사람은 아닐 터, 강물에 들어가 있는 저 사람은 누구일까? 자세히 보니 화장터 앞 강바닥에서 흙을 퍼내 금을 고르는 사람들이었다. 그들은 화장 후에 시신에서 나온 금을 찾고 있었다. 날이 약간 서늘한데도 불구하고 허리까지 물에 잠긴 채 소쿠리로 바닥의 흙을 한가득 퍼내었다. 얼마나 많은 금이 나올지는 모르겠지만 그것이 그들 이생의 카르마(Karma: 업)였다. 그들 옆에는 새로 들어온 시신이 물에 몸을 씻고 있었다. 육신의 죄를 씻는 죽은 자의 마지막 현장에서 육신에 붙은 황금을 구하고 있는 산 자의 모습이 모순돼 보이면서도 이해가 되었다.

1시간에 1인당 100루피를 주기로 했는데, 노 젓는 젊은이가 내내 우리의 눈치를 살피더니 입을 열었다.

"나는 아까 그분에게 고용된 사람이다. 100루피의 돈 대부분은 보스에게 가고 나는 아주 적은 돈을 받게 된다. 지금 나는 아버지와 어머니를 부양하고 있다. 또한 학교에 다니는 여동생도 있다. 정말 힘들다."

그는 우리가 묻기도 전에 자신의 가정 형편을 세세하게 늘어놓았다. 그의 긴 넋두리는 팁을 달라는 것이겠지만, 그래도 끝까지 본인의 입으로 팁이라는 단어를 꺼내지 않는 모습이 순수해 보였다. 그런데 그는 말미에 자신의 나이가 24살인데, 당신은 몇 살이냐고 물었다. 맞추어보라고 하니, "40? You look old"(40? 너 늙어 보인다)라고 했다. 순간 지갑으로 향했던 나의 손이 멈칫하였다. "really?"(진짜?) "haha~ sorry."(하하~ 미안.) 배에서 내리며 그에게 팁을 주었다. 아마 내 나이를 30이라고만 했어도 더 많은 팁을 받았을 텐데. 그것도 이미 정해진 카르마이니, 어찌하겠는가?

바라나시를 여행하며 볼 수 없었던 새로운 풍경이 눈에 띄었다. 목사님이 신도들에게 말씀을 전하듯, 신도들이 종교의식을 치르듯, 윗옷을 벗은 네 명의 사내가 두 손을 합장한 채 한 수행자의 말씀을 듣고 있었다. 그들은 갠지스강에 몸을 담그고 수행자가 하는 말을 주문처럼 따라 외웠다. 수행자의 모습이 브라질 리우데자네이루의 예수상과 닮아 있었다. 그 반대편에서는 한 무리의 사람들이 바닥에 길게 늘어앉아 또 다른 의식을 치르고 있었다.

두 종교의식이 열리는 사이에서 어린 남매가 기예 공연을 벌였다. 남동생은 북을 치고 누나는 허리를 활시위처럼 펼쳤다가, 다리를 일자로 벌렸다가, 텀블

링을 하기 시작했다. 유독 그들의 얼굴에는 미소가 없었다. 희로애락의 미소를 경험해 본 적이 없는 듯 화석화된 얼굴이었다. 그들의 아버지와 어머니는 어디에 있는 것일까? 혹여나 어두운 세계에서 폭력과 억압으로 길들여진 아이들일까? 누군가에게 사랑을 받고 어리광을 부릴 나이에 생의 무게를 지고 살아가는 아이의 모습에 마음이 아려 왔다. 공연이 끝나면 그들은 돈을 요구할 것이다. 돈을 주어야 할까, 말아야 할까? 그나마 이 아이들은 노동하고 있다는 것만으로도 그 대가를 받을 만한 최소한의 자격은 있지 않을까? 지금까지 보았던 인도의 걸인들은 오로지 동정심에 근거해 우리에게 돈을 요구하였다. 자신이 가진 제 조건을 극복하고 능력을 개발하려는 노력도 없었고, 구걸하지 않으려는 자존감도 없었다. 그나마 이 아이들에게는 자존감이 있었다. '그 자존감이 너희들을 지켜주었으면 좋겠구나.'

멍 때리는 애들 많아요

 이 도시를 떠나기 전 마지막으로 가까이에서 죽음을 대면하고 싶었다. 고인의 가족과 친지들 곁에 쭈그리고 앉아 장작, 불, 시신을 보았다. 시신은 피부부터 꺼멓게 타들어 가기 시작했다. 고열에 끓어오르는 기름인 양 머리에서 녹은 피부와 지방들이 흘러내렸다. 시커멓게 살이 다 타고나면 하얀 뼈가 모습을 드러냈다. 화장터 일꾼들은 대나무 막대기로 아직 덜 탄 시신을 야박하게 뒤집었다. 불길이 닿지 않아 이미 다 타 버린 허벅지 아래에 덩그러니 매달려 있는 발 부위를 꺾어 불 속으로 밀어 넣었다. 잘 타지 않는 장기에 막대기를 집어넣고 마구 휘저었다. 시신이 빨리 타게 하려고 얼굴과 머리를 거세게 때렸다. 죽음을 자연의 순리로 생각하는 힌두교라 하지만, 누군가의 부모로, 자식으로, 배우자로, 친구로 한평생 살았을 시신을 함부로 대하는 것에 눈살이 찌푸려졌다. 아마 우리의 불편함에 그들은 이렇게 응대하지 않을까?

 "이봐 한국에서 온 친구들! 이건 영혼도 없고, 감각도 없는 사물일 뿐이야. 당신의 아픔은 또 다른 집착일 뿐이라고."

 시뻘건 불과 시꺼먼 시체, 초록색 대나무, 아이보리색으로 변하다 사라지는 뼈들, 그리고 하얗게 피어오르는 연기들! 그 곁을 태연하게 소 한 마리가 지나갔다. 삶은 한낱 꿈이로구나!

 갠지스강은 역설과 모순, 부조리의 공간이자, 조화, 어우러짐, 하나 됨의 공간이다. 이 속에서 모든 상반된 것들은 하나로 융화되고, 모든 유(有)는 무(無)가 되어 버린다. 또한 무(無)는 유(有)가 된다. 삶이 죽음이 되고, 죽음이 삶이 된다. 인간과 인간, 인간과 자연의 분별이 사라지고 그 이름조차 허공에 날아가 버린다. 나와 너도 없어진다. 나로 인해 네가 만들어지고, 너로 인해 내가 만들어진 것이 아닌가? 이곳은 태초이다. 이곳은 종말이자 끝이다. 모든 것을 의미 있게 하고, 모든 것을 의미 없게 하는 이곳이 갠지스강이다. 이곳에는 많은 것이 있으며, 아무것도 없다. 소 한 마리가 유유히 지나갈 뿐이다.

암리차르행 기차표를 찾고 맡겨 놓은 짐을 찾으러 게스트하우스에 갔다. 바라나시에 도착하고 빨아놓은 빨래가 아직도 마르지 않았다. 우리의 부덕함 때문일까? 이상하게도 비가 거의 오지 않는 자이살메르 사막에서는 비를 만났고, 타지마할은 하루 종일 안개에 덮여 있었으며, 바라나시는 4일 내내 짙게 낀 구름으로 울음이 터질 듯 말 듯 웅크리고 있었다. 더구나 그중 하루는 온종일 비가 내렸다.

델리로 돌아가기 위해 바라나시 정선역으로 출발하려는데, 식당에 맡겨져 있는 아이가 계속 마음에 걸렸다. 다시 한 번 매니저에게 "아이가 치료받을 수 있게 돈이라도 줬으면 좋겠다. 그래야 우리 마음이 편하겠다"고 했지만, 그는 똑같이 사양하였다. 돈이 있어도 제대로 된 치료를 받기 어려워 그냥 지켜볼 수밖에 없다고만 했다. 계속 마음을 쓰던 장호가 노천에서 산 장난감과 담요 하나를 주었다. 영유아 사망률이 높은 인도였다. 아이 곁에 항상 붙어 있는 아버지를 보며, 죽은 아이를 돌에 묶어 갠지스강에 던져야 했던 아버지의 모습이 중첩되어 떠올랐다. 두 손을 가지런히 모은 채 아이를 떠나보내던 아버지와 어머니의 모습에서

• 219

DAY 17 바라나시

슬픔을 초연한 성자의 모습이 투영되는 것은 왜일까?

성자(聖者)! 인도에서 내가 본 성자는 높은 깨달음으로 사람을 가르치는 사람도 아니었고, 책과 명상을 통해 부동심의 상태에 이른 이도, 세상의 아픔과 고통을 꿰뚫고 그 짐을 지고 사는 이도 아닌 일상 속의 사람이었다. 군더더기 하나 없는, 화려하게 치장하지 않은, 어느 시선에도 얽매이지 않은 자유로운 사람들! 그렇지요. 그런 것이지요. 어찌합니까? 갠지스강은 항상 그 모습 그대로 흐를 것이고, 사람들은 갠지스강을 보며 삶에 감사하고 죽음을 달갑게 받아들일 것이다. 그리고 윤회가 끊겨 열반에 이르는 꿈을 꾸며 매 순간의 삶에 충실할 것이다.

갠지스는 말한다. "Let it be."(내버려둬.) 잠깐이라도 질문과 해석을 멈추지 않으련? 삶 그 자체가 그런 대상이 아니잖아. 그냥 멍 때려보는 건 어때?

"갠지스에 가면 멍 때리는 애들 많아요."

그렇다. 깨달음이 별것인가? 고요함이지. 기도, 의례, 지혜…. 갠지스는 그런 건 다 인간이 요청하고 만든 것이라 한다. 어찌 보면 종교든, 도덕이든, 정답을 찾았다는 사람들을 보면, 자유와 평화보다 도리어 굴레, 족쇄, 구속, 죄책감 등 또 다른 부자유 안에 자신을 붙들어놓은, 이제 그만하면 됐다는 고달픈 자기 안식이 느껴지곤 했다. 그 이유는 무엇일까? 옷을 벗으려 하는데, 도리어 벗을 수 없는 옷 하나를 덧입었다는 느낌? 인도의 힌두교를 카르마라는 운명론에 빠졌다며 조롱하고 비하하지만, 항상 죄의식에 눌려 사는 여느 사람들보다 힌두인은 물고기처럼 자유롭고 평화롭다네. 오늘도 갠지스는 삶과 죽음을 온전히 품고 그렇게 흐르고 있다네. 삶과 죽음조차 품지 않고 어찌 마음의 평화를 누리겠는가? 삶에 대한, 죽음에 대한 화두 하나 던지지 않고, 내면에서 솟구치는 모든 질문을 차단하고, 숨도 쉴 수 없는 감옥에 갇혀 굳은살 같은 삶을 살고 있지는 않은가? 차라리 감옥 밖의 세상에서 두려움에 떠느니, 자기 발로 감옥을 찾아가 편히 드러눕는 것이 인간의 숙명일지도 모르겠다.

매니저가 안내해 준 대로 라시 가게 근처에 있는 오토 릭샤 정류장에 왔다. 그런데 그곳에 보여야 할 릭샤가 없었다. 우리가 방황하는 동안 기차 시간은 조금씩 조급함을 불러일으켰다. 어느 로터리에 이르렀을 때, 젊은 오토 릭샤 왈라가 릭샤를 찾느냐며 자기를 따라오라고 했다. 그의 릭샤는 정류소가 아니라 외딴 건물 지하에 숨겨 있었다. 그리고 어림 턱도 없는 350루피의 요금을 불렀다. 이곳에 올 때는 100루피로 왔는데 말이다. 분명 그는 지금 릭샤를 운행해서는 안 되는 금지구역까지 릭샤를 끌고 와 편법을 저지르고 있었다. 우리는 그의 제안을 거절하고, 주위 사람에게 오토 릭샤 정류장을 물어 계속 길을 걸었다. 한탕을 노렸던 릭샤 운전사는 이제 노골적으로 우리를 쫓아 흥정을 걸었다.

"오토 릭샤 정류장까지는 무려 2㎞나 멀다."

"300루피 어때? 250? 200?"

그의 말이 맞고 가격도 적정 수준에 이르렀을지라도, 릭샤 운행을 정직하게 하지 않고 요행을 바라는 그에게 구태여 돈을 지불하고 싶지는 않았다.

"그대여, 잠깐 핸들을 놓고 저기 갠지스강 화장터에 30분만 다녀오시게. 그곳에는 300루피로도 살 수 없는 값진 것이 있다네."

릭샤 정류장은 2km가 아니라 200m 앞에 있었다. 또한 우린 300루피가 아닌 150루피에 릭샤를 잡아타고 역으로 갔다. 우리가 탑승한 릭샤에는 릭샤 왈라와 동생으로 보이는 아이가 함께 타고 있었는데, 둘 다 영어를 하지 못했다. train, station 등 어떤 영어에도 꿈쩍하지 않던 그들은 만국 공통어인 '칙칙폭폭'을 들은 후에야, 환히 웃으며 OK를 하였다. 그리고 우린 무사히 델리행 열차에 올랐다.

바라나시여, 갠지스강이여, 안녕!

꼭 다시 오겠습니다. 고맙습니다.

기차에 오르는 발걸음도, 배낭도, 마음도 모두 덜고 덜어 가벼워졌다. 사는 게 무엇이겠는가? 인간이란 것이 무엇이겠는가? 어느 깊은 산에서 발원하여 내를 이루고, 큰 강으로 한 세상 굽이굽이 휘젓다가, 삼각주에 한 무더기 똥 싸놓고 바다로 흘러들어 가는 게 삶이 아니겠는가? 한때는 급류였고, 한때는 잔잔한 여울일 때도 있었지. 그래도 바다로 향하는 물살은 멈춘 적이 없지 않은가? 그렇게 흐르는 것이겠지.

| "다 그렇게 흐르는 거겠지요?"

DELHI
델리

여기도 인도 맞아?

20여 일 동안 델리에서 자이살메르, 우다이푸르, 아그라, 바라나시를 돌아 부메랑처럼 다시 델리로 돌아왔다. 출발할 때는 아주 멀쑥한 인도 관광객이었는데, 다시 이곳에 온 우리는 거리의 부랑자가 따로 없었다. 게스트하우스에 짐을 풀고 밀린 빨래부터 해결하며 여행을 재정비하였다. 내일 아침 일찍 델리 북쪽으로 출발하게 된다. 인도 여행의 2/3가 끝나고, 이젠 시크교도의 성지 암리차르와 티베트 망명 정부가 있는 맥그로드 간즈의 일정만이 남았다.

오늘은 무엇을 할까? 누구는 올드델리의 야시장에 다시 가자고 했고, 누구는 박물관에, 누구는 우다이푸르에서 만난 대기업 주재원이 추천한 샤켓 몰에 가자고 했다. 하지만 결론은 이미 나 있었다. 바로 분실된 나의 슬리퍼 때문이다. 나는 슬리퍼를 신고 고행자처럼 4일간 바라나시를 돌아다녔다. 이제 델리를 떠나면 히말라야 지역으로 들어가 트레킹을 해야 할 터, 우린 선택의 여지 없이 운동화를 사러 가야만 했다.

델리의 최고 현대식 번화가이자 백화점이 있는 곳으로 갔다. 그곳은 우리가 출입해서는 안 되는 금기의 공간 같았다. 이보다 더할 수 없이 초췌한 부랑자 셋이 거리와 섞이질 않았다. 유명 브랜드 및 명품 쇼핑몰, 독일과 일본의 고급 승용차 브랜드 대리점, 호텔, 식당 등이 거리를 가득 채웠고, 럭셔리하게 꾸민 델리 시민들이 쇼핑을 즐겼다. 몸에 꽉 달라붙는 타이즈에 미니스커트를 입은 여성, 꼬옥 껴안고 애정 행각을 벌이는 청춘 남녀 등 그동안 인도 거리에서 볼 수 없었던 인도 사람들이 있었다. 솔직히 이런 현대화되고 화려한 인도가 좀 낯설게 느껴졌다. 여행을 하며 내 기억의 저장고에 담긴 인도는 낡고 가난했으며, 그 안에 살고 있는 인도인 또한 호객하는 장사꾼, 릭샤 왈라, 거리의 걸인들, 사막의 낙타 몰이꾼, 바라나시 화장터 인부 등이었기 때문이다. 하지만 그곳이나 이곳이나 인도이고, 그들이나 이들이나 모두 인도인이다. 누구는 인도의 옛 전통이 그대로 지켜졌으면 좋겠다고 얘기하지만, 그가 말하는 전통에서 가난과 질병에 찌든 인도만은 빼야 하지 않을까?

인도도 변화해야 한다. 가난과 질병에서 벗어나고 다양한 계층에게 교육의 혜택이 골고루 제공되어야 한다. 자신의 정치적 권리를 정정당당히 표현하고 행사할 수 있어야 하며, 문명의 이기 또한 누려야 한다. 다만, 서구화에 대한 맹종과 자본의 논리에 따라 인도의 정신과 문화의 뿌리가 흔들리지 않기만을 바랄 뿐이다. 벌써 우리는 학교에 가지 않고 거리에서 구걸하는 인도 아이들을 보지 않았는가? 정부가 모든 아이들을 대상으로 교육적 혜택을 확대하고 있지만, 아이들의 부모에겐 불확실한 교육보다 오늘의 생계가 더 중요했다. 맹자는 항산(恒産) 이후에야 항심(恒心)이 가능하다고 하였다. 먹고 사는 문제가 해결되지 않는다면, 시민의 도덕적 삶도 보장하기 어려울 것이다. 국가는 시민들에게 항심을 요구하기 이전에 항산을 책임져야 한다.

샤켓 몰의 풍경은 올드델리의 야시장과 극명하게 대비되었다. 그 안에 있는 사람들의 모습도 달랐다. 빈부격차, 향유하는 문화의 수준 차이도 그대로 느껴졌다. 휘황찬란한 네온들과 분수를 지켜보며, 갑자기 바라나시가 그리워졌다.

인도는 어느 곳이나 다 같은 인도일뿐이다.

마이 도터, 베이비, 노 머니

　20일 동안 인도를 떠돌았던 부랑자 꼴로 몰에 오래 머무르는 것 자체가 민폐였다. 수염은 덥수룩하고 머리끝에서 발끝까지 걸치고 있는 것이 옷인지 넝마인지 꾀죄죄해 보이는 우리의 모습을 인도인들이 위아래로 훑었다. 상점 안에 들어가도 직원들은 우리를 구매가능자로 보지 않았다. '이봐, 외모로 사람을 평가해서는 안 되는 거라고!' 역설적이게도 지금 우리가 그들에게 항변하는 것은 그동안 인도가 우리에게 항변한 것들이었다. 밖으로도 창피하고, 안으로도 창피한 우리들은 후다닥 자리를 떴다.

　릭샤를 타고 코넛 플레이스로 갔다. 장호가 간절히 바라는 유명 프랜차이즈 햄버거를 먹기 위해서였다. 릭샤 위에서 그는 하염없이 귓속말로 '햄버거, 햄버거'를 읊조렸다. 유심히 장호의 얼굴을 훑어보니, 인도에 들어올 때의 오동통한 볼살은 간데없고 볼이 쏙 들어가고 핼쑥한 고행자로 변해 있었다.

　"그래 가자. 가서 원 없이 먹어보자꾸나."

　햄버거 가게로 가는 길, 릭샤가 신호등 앞에 멈추었다. 그 순간 어디선가 세 명의 여인들이 우리를 보고 몰려들었다. 그들의 얼굴은 온통 눈물과 근심으로 가득 차 있었다. 그중 한 여인은 우리를 향해 자신의 불우한 처지를 하소연하기 시작했고, 바로 뒤에는 배가 남산만 하게 부른 임산부가 있었다. 우리에게 여인은 임산부가 자신의 딸이라며, 돈이 없어 애를 낳지 못한다고 하였다.

"흑흑, 마이 도터. 베이비, 베이비. 노 머니. 헬프 미."

사실일까? 거짓일까? 절박함이 생생하게 전해지는 그들의 모습에 쉽게 판단이 서질 않았다. 하지만 그동안의 경험을 미루어 볼 때, 이것 또한 실제 상황이 아님이 거의 확실했다. 우리가 미안하다고 거절하자마자, 그녀들은 재빠르게 다른 외국인들에게 갔다. 그러고는 '마이 도터. 베이비, 베이비.' 같은 상황극을 연출하였다. 릭샤 왈라는 우리의 당황스러운 모습을 보며, 아주 간단하게 상황을 정리해 주었다. 그는 웃으며 말했다.

"Puhaha, Best drama! Best drama!" (푸하하, 최고의 드라마!)

우리는 코넛 플레이스의 햄버거 가게에서 오랜만에 입맛을 돋우는 음식을 먹었다. 햄버거에, 치킨에, 콜라에… 솔직히 나는 한국에서 인스턴트 음식을 즐겨 먹지 않았다. 아이에게도 상황이 허락되는 한도 내에서 잘 먹이지 않았다. 대부분 건강을 위해서였지만, 다른 한 가지 이유도 있었다. 인스턴트 음식에 길들여져 수많은 미각을 잃을 수 있다는 염려 때문이었다. 얼마나 많은 현대인들이 표준화된 입맛으로 획일화되어 혀끝을 춤추게 하는 맛난 음식의 즐거움을 잊고 있는가? 또한 요리라는 것은 그것을 만드는 사람의 정성과 먹는 이에 대한 애정이 함께 들어가야 한다. 하지만 대부분의 인스턴트 음식은 이미 규격에 따라 만들어진 부속들을 끼워 맞추어 조립하는 제품과 유사하다. 그것은 배를 채우는 음식은 될지언정, 음식 너머의 가치를 허용하지 않는다. 그뿐만 아니라 인스턴트는 식사마저 사람과 더불어 여유롭게 즐길 수 없는 것으로 만들어버렸다. 식사는 단순히 배고픔을 해소하는 것뿐 아니라 사람을 만나고, 사람과 소통하고, 일상에서 잠시 벗어나 나에게 여백을 선물하는 특별한 시간이기도 하다. 하지만 인스턴트 음식은 식사마저 빨리빨리 해야 하는 기계적인 일상으로 변질시켰다. 인스턴트 음식은 인간을 빼앗고, 따뜻함을 빼앗고, 시간을 빼앗는 자본주의의 최고 발명품이랄까?

하지만 배고픔과 결핍 아래에서 이 모든 복잡다단한 생각들은 무너지고 불편해진다. 오늘 우리에겐 프랜차이즈 햄버거가 절실했다.

AMRITSAR

암리차르

와가 Waga

시크교도의 성지

그동안 우리는 장거리 여행객을 위한 침대칸이 달린 기차를 이용했는데, 암리차르행 기차는 모두 좌석 구조로 되어 있었다. 에어컨이 설치되어 있는 CC칸의 내부는 기차가 아니라 비행기 실내와 거의 흡사하였다. 기차가 출발한 지 얼마 되지 않아 승무원이 생수를 주었고, 이어 보온물통과 홍차 티백, 컵 등이 나왔다. 무려 700루피의 요금을 지불한 만큼 그 값어치를 톡톡히 하였다. 어제 파하르간지의 햄버거 체인점에서 구입해 놓은 햄버거로 우린 풍족한 조식을 먹었다. 오랜만에 가난했던 인도 중부여행을 잊은 채 포만감을 즐겼다. 먹은 흔적을 모두 정리하고 화장실을 다녀왔는데, 어라, 내 테이블 위에 큼지막한 샌드위치 세트가 놓여 있는 것이 아닌가? CC칸 탑승객 모두에게 제공되는 무료 조식 세트였다. 아침부터 파랑새가 찾아든 듯 식빵과 커틀릿, 사과잼, 마요네즈, 케첩 등을 맛보며 2차 조식을 즐겼다. 지금 이 순간만큼은 인도 국적기인 에어 인디아가 부럽지 않았다.

　암리차르역 바로 앞에 좋은 숙소가 있다고 하여 곧장 방문했다. 외관은 허름했지만, 건물 내부에 아기자기한 정원까지 딸린 아늑한 숙소였다. 매니저는 숙박비로 우리가 그동안 묵었던 숙소의 2~3배 가격인 1,800루피를 불렀다. 이건 아니다 싶어 릭샤를 타고 황금 사원 근처로 갔다. 새벽 기차로 일찍 이동해서인지 오늘은 숙소의 가격 흥정마저 피곤함으로 느껴졌다. 우리는 거리에서 처음으로 만난 호객꾼을 따라 방을 잡았다. 딱 우리 버스터미널 근처의 낡은 여관과 진배없었다.
　짐을 풀고 내일 타야 할 다람살라행 로컬 버스를 예약하기 위해 버스 스탠드로 갔다. 유리 칸막이 안에 있는 예약 창구 직원에게 "내일 다람살라행 버스표를 예약하러 왔다"고 하니, 귀찮다는 듯 들리지도 않는 작은 목소리로 영어 비슷한 말을 하였다. 우리 셋 모두 알아듣지 못하자, 그는 짜증을 내며 서너 번 반복해서 말했다. 반복된 설명에도 눈만 껌벅거리는 우리를 보고 그는 안으로 들어오라고 했다. 그곳에서 우리 셋과 창구 직원 셋이 통하지 않는 대화로 애를 먹었다. 결국 "OK!" 하며 우리가 알아들은 영어는 "Pay on the bus!"(버스에서 지불해!)였다. 영어 회화 수준을 떠나 인도 영어를 해석하는 것은 우리의 능력과는 상관이 없었다.

　시크교도의 성지인 만큼 암리차르에서 첫 번째로 꼽히는 관광지는 황금 사원(Golden Temple, 골든 템플)이다. 우린 내일 아침 사원에 방

비가 올는지 암리차르의 하늘도, 거리도 흐렸다.

문하기로 하고, 인도와 파키스탄의 국경이 있는 와가로 가 국기 하강식
을 보기로 하였다. 국기 하강식에 뭐 볼 게 있겠느냐 하지만, 이곳의 하
강식은 인도와 파키스탄의 힘겨루기가 이루어지는 대결장이다. 인도 군
인은 파키스탄 군인이 보란 듯 크고 과장된 몸짓으로 그들을 압도하고,
무릎에서 머리까지 발을 들어 올리며 유머러스한 모습으로 자신들의 기
개와 자신만만함을 뽐낸다.

우리는 황금 사원 뒷길에서 와가로 향하는 합승 지프차에 탑승했
다. 지프차는 도시의 경계선을 넘어 국경까지 곧게 뻗은 도로를 시원하
게 달렸다. 갑자기 순조롭게 가던 지프차가 쿵 하며 충격을 받았다. 지

프차는 속도를 줄이며 백미러로 그 실체를 살폈고, 우리 또한 육안으로 확인할 수 있었다. 도로 위에 있는 것은 개였다. 누구보다도 개를 살상했다는 것에 장호가 마음 아파했다. 단순히 마음이 아픈 것을 넘어, 그 일 이후 내내 마음에 큰 돌덩어리를 하나 얹고 다녀야 했다. 덩치는 산만한 장호의 마음은 언제 보아도 세상 물정 모르는 어린아이 같다. 그것이 동생 장호가 가진 매력이자, 그만의 정체성일 것이다.

어떤 이는 교사 경력 5년 정도가 되면 무엇을 해야 하는지, 어떻게 해야 하는지 정답을 쉽게 찾았다. 그리고 그 후로 정답에 따라 수업을 하고 학생들을 지도하는 쉬운 길을 걸으면 되었다. 하지만 장호는 달랐다. 끊임없이 질문을 던지고 자신을 채찍질하였다. 자신과 똑같은 크기의 제각각 세계를 가진 아이들을 있는 그대로 존중하며 진실하게 다가가기 위해 노력했고, 정답이라고 생각했던 경험들이 자신을 가로막는 편견이 되지 않도록 부단히 새로운 사고를 실험하고 시도했다. 그래서 그는 아이를 대할 때마다 마음 아파했다. '조금만 더 이해할걸. 조금만 더 다가갈걸. 아주 조금만이라도 아이에게 따뜻한 사람이 되어 줄걸…' 간혹 교육 현장에서 학생이 아니라 교사의 만족과 성취감을 지향하는 사람들이 있다. 그들은 학교에서 일어나는 모든 불확실성과 실패를 학생의 책임으로, 그들의 몫으로 돌렸다. 나는 훌륭한 교사인데, 너희 같은 학생이 문제라는 것이다. 교사란 무엇인가? 학교란 무엇인가? 교사와 학교의 존재 이유는 무엇인가? 학생이 없는 수업이, 학생이 없는 학교가 무슨 소용이겠는가? 장호는 환갑이 되어서도 학생 때문에 힘들어할 것이다.

지남철의 바늘은 흔들려야 한다

누군가는 장호 곁에서 "이러면 될 걸, 뭐하러 고생을 해. 내가 하라는 대로 해 봐!"라고 충고해 줄 것이다. 하지만 장호는 지금까지 나에게 물었던 것처럼 이후에도 물을 것이다.

"형, 그래야 할까? 그것이 정말 학생을 위한 길일까? 정말 모르겠다."

장호가 모를까? 아니다. 내가 알고 있는 한 장호는 자신에게 충고해 주는 어떤 교사보다 많은 것을 알고 있으며, 아이의 올곧은 성장을 돕기 위해 살고 있다. 아는 자는 말이 없고, 무지한 자는 말이 많다. 아는 자는 어려운 길을 걷고, 무지한 자는 쉬운 길을 선택한다. 그래서 아는 자는 항상 무지에 빠지지 않으려 어리석은 자신과 대면하게 된다. 어려운 길을 걷는 것이 교사 박장호의 자존감일 것이다. 아는 자는 항상 수용할 준비가 되어 있다. 그래서 그는 누구보다 겸손하고 낮은 자리에 처한다. 가르치는 사람은 배울 줄 아는 사람이다. 덜어낼 줄 아는 사람이 채울 수 있는 사람이다. 우리 장호는 참 겸손한 사람이다. 아이의 작은 움직임 하나에도 예민한 촉수를 뻗어 살필 줄 아는 정성 어린 사람이다. 장호는 말이 없다. 대신 질문이 많다. 장호는 나침반(지남철)처럼 살고 싶다고 자주 말했다. 방향을 잡기 위해 끊임없이 흔들리는 지남철의 바늘이 멈추면 고장 난 것이다. 우리 또한 흔들흔들하지 않으면, 두리번거리며 찾지 않으면 그 자리에 고장 난 채 멈추어 서게 된다. 그래서 물음표를 달고 사는 장호! 그 물음표가 너를 한뼘 한뼘 더 성장하게 할 거야.

북극을 가리키는 지남철은 무엇이 두려운지

항상 그 바늘 끝을 떨고 있다.

여윈 바늘 끝이 떨고 있는 한 그 지남철은

자기에게 지니워진 사명을 완수하려는 의사를

잊지 않고 있음이 분명하며

바늘이 가리키는 방향을 믿어도 좋다.

만일 그 바늘 끝이 불안스러워 보이는 전율을 멈추고

어느 한쪽에 고정될 때

우리는 그것을 버려야 한다.

이미 지남철이 아니기 때문이다.

_신영복, 『담론』

　우리를 더 이상 흔들리지 않게 하는 진리를 찾겠다고들 한다. 진짜 진리라는 것이 실재하는 실체일까? 솔직히 그 실체에 대해 우린 모른다. 그래서 진리를 깨달았다는 결말보다 진리를 찾아가는 길에서의 경험과 방황이 우리의 삶에 있어 더 고귀한 의미를 갖고 있지는 않을까? 따지고 보면 진리는 없고 진리를 추구하는 인간만이 있다고 할까? 나의 어리석음이겠지만, 진리가 무엇일까라는 물음표의 답을 찾는 과정에서 인간을 포함한 전 우주를 향한 통찰의 지평이 넓어지고, 소소한 것에서 큰 기쁨과 슬픔을 찾도록 내면의 창이 열리는 것만으로 진리의 역할은 차고 넘칠 것이다. 진리라는 정답이 오지 선다형에서 하나를 고르는 것이 아닌 이상, '이것이다'라고 말하는 사상과 사람들을 경계해야 한다. 그 순간 그 의미가 삶을 편협하게 구속할지도 모르기 때문이다.

왜 하필 인도야

　이렇게 많은 인도인을 한 곳에서 본 적이 있었던가? 국기 하강식을 보러 온 인도인으로 앉을 자리조차 없었다. 우리는 늦게 도착했는데도 외국인이라는 이유로 여군의 안내를 받아 VIP석에 앉을 수 있었다. 듣던 그대로 인도 군인은 안구가 튀어나올 정도로 두 눈을 우스꽝스럽게 부릅뜨고, 과장된 몸짓과 발길질로 인도 시민의 환호성을 끌어내고 있었다. 모두 다 그 모습에 웃음과 박수로 환호했지만 군인들의 얼굴만은 진지했다. 피부색도, 종교도, 언어도 다른 인도인들이 군인의 발길질 하나에 하나로 뭉쳤다. 처음으로 하나 된 인도를 보았다. 아직까지 그들에게는 인도와 파키스탄의 분리, 그리고 전쟁의 상처가 남아 있었다. 이제 군인의 발길질이 갈등과 반목을 걷어차고 화해와 평화를 앞당기는 역할을 했으면 좋겠다. 이왕 차는 거 반목을 조장하고 증오를 교묘히 부추겨 삿된 이익을 추구하는 이들의 엉덩짝도 뻥뻥 차 주십시오.

비가 내리기 시작했다. 1시간 정도 진행된 국기 하강식은 끝났다. 관광객들은 각자 자기가 돌아갈 곳으로 순식간에 흩어졌다. 우리 또한 지프차에 올라왔던 길을 되짚어갔다. 암리차르에 도착했을 때는 이미 꽤 많은 양의 찬비를 끌고 온 어둠이 도시를 덮고 있었다. 상가 입구에 들어가 비가 그치기를 기다렸다. 이미 바닥은 질퍽질퍽한 흙탕물 천지였고, 온몸에 싸늘한 냉기가 돌았다. 델리 북쪽으로 꽤 올라왔다는 것이 피부로 느껴졌다. 처마에서 떨어지는 빗소리에 마음의 스산함도 커져만 갔다. 오늘은 아무것도 하지 말고 들어가 쉬어야겠다.

AMRITSAR

암리차르

황금 사원 Golden Temple

받은 만큼 베풀어 주시게

우리가 있는 곳은 델리 북쪽 펀자브 주의 암리차르이다. 암리차르는 시크교의 성지이고, 그 심장은 바로 황금 사원이다. 아침 일찍 시크교의 관습에 따라 머리카락이 보이지 않게 스카프를 두르고 신발은 가방에 넣은 후, 황금 사원에 들어갔다. 사원 내에서는 맨발로 다니는 것이 관습이기에, 입구 바로 앞에 시냇물처럼 흐르는 온수에 발을 꼼꼼히 씻어야 했다.

부릅뜬 시크교도의 눈이 이곳에 온 이상 누구도 우리를 해할 수 없다고 호통치는 수호신 같았다.

황금 사원의 정식 명칭은 '신의 집'이라는 의미의 하르만디르 사히브(Harmandir Sahib)이다. 인공 호수 한가운데 단조로워 보일 정도로 외로이 황금 사원이 서 있었고, 그 주위엔 절하고 기도하며 목욕하는 시크교도들이 보였다. 이름처럼 황금으로 덮인 사원이었지만, 그 황금이 세상의 것처럼 값비싸고 화려해 보이진 않았다. 무겁게 앉은 건물의 중후함과 결 없이 멈추어 있는 물, 그리고 자신을 낮추고 기도를 올리는 신도들

무슨 생각을 하고 있을까? 어떤 생각도 없는 상태일까?

의 조합이 사원 전체를 오묘한 신비감으로 가득 차게 했다. 황금 사원은 동서남북 4개 방향에 출입구가 나 있는데, 이는 종교, 인종, 카스트와 상관없이 모든 사람에게 문이 열려 있다는 것을 뜻한다. 이곳은 인간을 향한 평등과 관용의 공간이었다.

사원은 1574년에 공사를 시작하여 1604년 5대 구루(영적 지도자)인 아르잔 데브(Arjan Dev)가 완공하였다. 시크교의 창시자인 구루 나낙(Guru Nanak)이 사람들에게 구걸하며 연명해 나간 것에 대한 보답으로 사원을 찾는 모든 사람에게 입장료도 받지 않고, 음식, 짜이, 숙소

모두를 무료로 제공했다. '우리의 큰 스승 구루에게 당신들이 베푼 것처럼 우리 또한 당신들에게 이렇게 베풀어 준다'는 큰 뜻이 담겨 있었다. 당신이 종교가 있건 없건, 시크교도이건 힌두교도이건 기독교인이건 상관없이 이곳을 찾는 모두에게 문을 활짝 열어놓고 조건 없이 베풂을 실천하는 이곳은 그 자체로 성지였다. 그들만의 성지가 아니라 모든 이의 성지였다. 한낱 우상화된 그들만의 성지가 아니라 무겁게 짐 진 자들, 증오하고 상처받은 자들, 굶주림과 질병으로 신음하는 이들을 귀한 손님으로 떠받드는 성지였다.

우리는 식당에 들어가 방문객들이 길게 늘어서 있는 자리 끝자락에 앉아 음식을 기다렸다. 자원봉사자들이 밥과 커리, 짜파티를 나누어 주었다. 한국 사찰의 발우 공양과 유사한 체험이었지만, 이곳의 식사에는 어떤 격식도, 의례도 정해진 바가 없었다. 몸이 안 좋은 장호가 밥을 남겨도 뭐라 타박하는 이 하나 없었다. 아마 한국 사찰에서 밥을 남겼더라면, 장호 어깨너머로 죽비 하나가 날아왔을 것이다.

"배고픈가? 원하는 만큼 줄 테니 맘껏 드시게! 그저 이 식사에 담긴 큰 뜻이나마 헤아려준다면 그것만으로 족하다네."

시크교는 이슬람교와 힌두교의 일부 요소를 조화롭게 결합한, 그리 역사가 오래지 않은 종교이다. 신도들의 머리 위에 두른 터번을 통해 시크교도임을 쉽게 구별할 수 있다. 이들의 교리에는 당시로 보았을 때 매우 파격적인 내용들이 담겨 있다. '모두가 평등 하니 신분의 높고 낮음도 없고, 남녀노소의 불평등 또한 없다.' 불필요한 의식도 필요 없고, 억

왜 하필 인도야

압도 필요 없다. 격식을 따지지 말라.' 인도 사회에 뿌리박힌 카스트 제도를 부정하고, 어떤 고기든지 격식 따지지 말고 먹어도 된다는 개방과 진취의 정신은 지금 내 앞에 보이는 새벽 황금 사원의 넉넉한 모습과 닮아 있었다. 사원은 이곳을 찾는 모든 이에게 곡선에서 느리게 흐르며, 모든 사람과 가치를 포용하는 삶을 살라고 가르치고 있었다.

걸인인지 신도인지 정체 불분명한 사람들이 기둥과 건물 벽 곳곳에 기대어 눈을 감은 채 정적에 빠져들어 있었다. 골든 템플의 호수에 몸을 담그고 죄를 씻어내는 시크교도도 보였다. 갠지스강에서 목욕하는 힌두교도가 떠올랐다. 성수로 세례받는 기독교인도 떠올랐다. 물은 정화이다. 씻김이다. 물은 순결이자 생명의 시작이다. 오늘 같은 날은 우산 없이 비를 맞아도 태연하게 걸을 수 있지 않을까? 흠뻑 비에 젖고 싶은 충동이 불쑥 피어올랐다. 오늘처럼 여행의 순간순간 익숙한 것을 파괴하고 탈선하고 싶은 욕망이 주체 없이 타오를 때가 있다. 그럴 때면 나도 작은 가슴에 뜨거운 불씨 하나 정도는 갖고 산다는 것을 발견한다. 세상 그 누가 가슴에 불씨 하나 없겠는가? 불씨에 불이 댕겨지기만 기다릴 뿐이지. 활활 타올라 모두 연소되는 꿈을 꾼다.

벌거숭이 장호

숙소에 왔다. 병오 형이 영국군에 의해 무참히 학살당한 인도인의 아픔이 깃든 잘리안왈라 공원에 가자고 했다. 날씨가 추워지며 몸이 더 안 좋아진 장호는 우리 둘만 다녀오라며, 자기는 온수로 샤워한 후 좀 쉬겠다고 했다. 옷을 모두 벗고 화장실에 들어간 장호를 확인하고 우린 방을 나왔다. 그런데 공원을 둘러보고 숙소로 다시 돌아와 보니, 방문이 활짝 열려 있는 채 불 꺼진 어두운 방에 장호가 보이질 않았다.

"장호야. 우리 왔다. 아직도 화장실에 있는 거니?"

"아우 씨~ 문이나 열어."

헉! 화장실 문고리를 잡아당기자 정말 문이 닫혀 있었다. 도대체 누가 밖에 있는 잠금 걸쇠를 돌린 거지?

"장호야, 너 그 안에서 벌거벗은 채로 30분이나 갇혀 있었던 거야?"

문을 열어주었을 때, 장호는 오만상 찌푸린 얼굴로 벌거벗은 몸을 질질 끌고 나왔다.

"이게 뭐야. 왜 문을 닫아? 너무 심한 거 아니야?"

장호는 있는 힘껏 화를 억누르고 있었다. 어떤 일로 문이 잠기게 되었는지 알 수는 없지만 감기에 걸려 몸도 안 좋은 녀석이 무려 30분씩이나 나체로 화장실에 감금되어 있었다니, 우리가 잠근 게 아니라고 대꾸할 수도 없는 미안함이 들었다.

"얼마나 추웠는지 알아? 밖의 문은 열려 있고 침대에는 여권과 돈이 널려 있는데, 누가 들어와 가져가면 어쩌나 하고 얼마나 걱정했는데?"

그런데 당황스러운 상황은 찌그러진 장호 얼굴을 보며 피식피식 웃음이 새어 나오고 있다는 것이었다. 아무리 웃음을 참으려고 해도 멈추질 않았다. 옷 하나 걸치지 않고 화장실 안에 감금되어 안절부절못하는 장호의 모습이 선명하게 그려졌기 때문이다.

일을 보고 문고리를 돌렸는데 열리지 않았다. '형! 형! 아무도 없어? 샤워기를 돌렸더니 찬물만 나왔다. 형들 올 때까지 샤워도 할 수 없잖아. 어? 이게 무슨 소리지? 밖에서 문이 열리는 소리가 났는데? 누가 들어왔나? 내 여권, 내 돈! 아이~ 씨. 미치겠네. 옷 다 벗고 지금 뭐 하고 있는 거야? 으슬으슬 몸은 추워지고, 할 수 있는 거라곤 멍하니 타일이나 보는 것뿐이잖아. 도대체 누가 문을 잠근 거야? 형들은 왜 그렇게 안 와? 아유~ 짜증 나.'

우린 암리차르 허름한 여관에서 장호를 잃을 뻔했다. 그래도 화장실 속의 장호만 생각하면 실실 웃음이 새어 나오니, 이를 어쩌지?

다람살라행 버스에 오르자, 버스에 있던 뭇 아이들이 우리를 둘러싸기 시작했다. 그리고는 우리를 가리키며 도통 알아들을 수 없는 현지어로 자기들끼리 웃음판을 벌였다. 갑자기 나이 어린 녀석들한테 희롱당하는 것 같아, "너희들 뭐가 그리 재밌니?", "무슨 얘기야?"라고 영어로 물어봐도 우리의 말을 무시한 채 계속 웃기만 했다. 그 녀석들의 놀이는 차가 출발하고 나서야 끝이 났다. 화장실 연금에서 풀린 지 얼마 안 되는 장호의 몸이 좋지 않았다. 그래서 그나마 혼자 앉을 수 있고 버스의 흔들림에 덜 민감할 것 같은 맨 앞자리에 앉혔다. 덩치가 커다란 녀석이 가방을 꼭 안고 운전사 뒤에 죽은 듯이 앉아 있는 모습에, 이러면 안 되는 줄 알면서도 또 웃음이 나왔다.

조금씩 차창에 빗물이 떨어지는가 싶더니, 이내 굵은 비를 뿌리기 시작했다. 운전석 유리창은 언제 돌에 맞은 것인지, 아니면 제우스의 벼락에 맞은 것인지 거미줄처럼 금이 가 있었다. 거친 빗줄기에, 어둑어둑해지는 날씨에, 움푹 팬 물웅덩이 도로를 운전하면서도 운전사는 평상심을 유지했다. 부처님 한 분이 이곳에도 앉아계신 듯했다. 차는 중간 경유지인 파탄콧을 지나면서 서서히 고도를 높이기 시작했다.

　히말라야를 오가는 로컬 버스답게 구절양장의 산악도로를 자유자재로 달리며, 곳곳에 있는 작은 마을에 사람을 내리고 태우기를 반복하였다. 일이 끝나고 퇴근하는 직장인들, 마을에서 마을로 짐을 실어 나르는 장사치들, 공부하고 집으로 돌아가는 학생들, 옆 마을에 바람 쐬고 오는 듯 만사태평해 보이는 노인까지 각양각색의 인도인들이 내 앞에 나타났다 사라졌다. 히말라야 초입에 들어서며 날은 완전히 어두컴컴해져 차가 어둠 위로 부유하고 있었다. 어디쯤 왔는지 가늠도 못 한채, 차는 폴짝거리며 계속 달렸다. 오로지 위안이 되는 것은 꿈쩍도 하지 않고 어린아이마냥 쉬 잠들어 있는 장호의 뒷모습이었다.
　'아니, 왜 그렇게 웃긴 거야.'

도대체 당신 누구야

우리가 버스의 종착역인 다람살라에 도착한 것은 해가 지고 한참 후였다. 히말라야 한복판에 사나운 비가 몰아치고 있었다. 다람살라보다 높은 고도에 있는 맥그로드 간즈에 가려면 터미널에서 버스를 타야 했는데, 8시까지 있다는 버스가 보이지 않았다. 터미널 직원은 "No bus, only taxi!"라고 하며, 저기 계단을 따라 올라가면 택시를 잡을 수 있다고 하였다. 비는 오지, 어둠에 보이는 것은 하나도 없지, 어찌할 바를 몰라 당황하기 시작했다. 게다가 추위와 배고픔까지 엄습하기 시작했다. 그때 곁에 있던 한 젊은 인도인이 조심스레 우리에게 말을 걸어왔다.

"Will you go to McLeod Ganj?"(맥그로드 간즈로 갈 겁니까?)

"Yes!"(네!)

그는 그럼 잘 되었다며 미소 지었다. 그러고는 바로 옆에 티베트 승복을 입고 있는 여승을 가리키며 "이 분도 그곳으로 가려고 하니, 같이 가면 어떠냐?"라고 물었다. 우리가 쉬이 동의하자, 젊은이는 어두운 거리로 잠시 사라지더니 택시 하나를 잡아 주었다. 비를 쫄딱 맞은 채 택시를 타며, 히말라야 밤을 가득 채우는 겨울비가 너무 야속했다. 원래 요금은 180루피인데, 오늘은 어둠과 비 때문에 230루피는 받아야 한다고 했다. 경차 크기의 택시에 우리의 큰 배낭 3개와 여승 가방 하나를 가까스로 포개 넣고, 대략 10㎞ 정도 떨어진 맥그로드 간즈로 좁은 오르막길을 타기 시작했다. 빛 하나 없는 길, 세찬 빗소리와 거친 엔진음이 의식과 몸, 내 전부를 경직시켰다. 얼마나 지났을까? 맥그로드 간즈에 다 왔단다. 어수선 떨며 가방을 내리는 우리 곁에서 여승은 두 손을 소매에 넣은 채 지긋이 비를 향해 있었다. 우린 묵시적으로나마 티베트 여승에게 소박한 선행이라도 할 요량으로 요금을 받지 않기로 했다. 하지만 병오 형은 그런 친절이 도리어 여승의 마음을 불편하게 할 수 있다며, 30루피만 내게 하자고 했다. 영어를 하나도 못 하는 여승에게 손가락 세 개를 펼쳐 "30루피만 내세요"라고 정중히 제안하였다. 그녀는 허리춤에서 꼬깃꼬깃 접은 30루피를 꺼내 주었고, 감사의 표시로 환한 미소와 함께 손을 흔들어 주었다. 더없이 순결한 그분의 미소가 얄미운 히말라야 밤비를 잠시 잊게 해 주었다.

택시에서 내리자마자 사정없이 내리치는 비를 뒤집어써야 했다. 우린 주저할 것도 없이 처음으로 보이는 게스트하우스로 후다닥 뛰어들어갔다. 주인을 부르자, 산전수전 다 겪은 주막의 주모처럼 아주 후덕해 보이는 여주인이 나왔다. 과장된 무게감이 느껴지는 몸집과 초연한 미소, 뭐라 표현하기 모호한 분위기가 풍겼다. 혹 중국 영화의 한 장면이 생각났다. 비에 흠뻑 젖은 젊은이가 희미한 불빛을 좇아 숙소에 들어섰다. 그는 음산한 한기와 비릿한 냄새로 가득 찬 숙소 주인에게 묻는다.

"방 있나요?"

탈색된 무표정, 육중한 몸, 뭔가를 썰다가 나온 듯한 땀 냄새, 초점 없이 흐린 시선으로 나를 쳐다보는 눈빛의 주인이 영혼 없이 대답한다.

"혼자야?"

지금 상황이 이와 똑같았다. 여주인에게 세 명이 묵을 것이라고 하자, 방 열쇠 두 개를 무심히 던졌다.

"더블룸 하나, 싱글룸 하나 쓰면 되겠네. 자, 열쇠니까 잘 챙기고 저 아이를 따라가!"

이곳에 오기까지 얼마나 무서웠는데, 얼마나 피곤하고 지쳐있는데, 따뜻한 위로가 필요한 우리에게 여주인은 끝까지 작은 기대마저 나락으로 떨어뜨리는 무심함을 보여주었다. 잔심부름하는 아이를 따라 내려가고, 내려가고, 또 내려갔다. 그가 안내한 방이 열리자마자, 우리는 경악하지 않을 수 없었다. 비에 눅눅이 젖은 방 안에는 낡은 협탁과 의자, 곰팡이로 얼룩진 침대 두 개만 놓여 있었다. 씻을 곳을 묻자, 저 구석에 있는 공용 화장실과 샤워실을 써야 한다고 했다. 병오 형과 장호를 그 방에 두고 나는 싱글룸으로 갔다. 싱글룸은 흉악범을 감금시켜 놓는 독방 같았고, 방바닥 전체에 오늘 내린 비가 흘러들어와 물 천지가 되어 있었다. 좀비가 움츠려 있다가 생쥐의 피를 빨아먹을 것 같은 살기마저 느껴졌다. 아무리 생각을 거듭해도 이곳에서 자는 것은 무리였다. 이 방에서 잔다면, 이 밤이 다 가기 전에 나 또한 좀비가 될 것만 같았다. 그런데 다른 대안이 없었다. 이 비를 뚫고, 이 밤에 또 어딜 찾아가야 한단 말인가? 그래, 그냥 하루다. 하루만 버티자. 모든 것을 포기하고 나는 아이에게 바닥의 물이나 빼달라고 했다.

우리는 침대 위에 가방을 대충 던져 놓고 식당을 찾아 나섰다. 따뜻한 식당 안에 앉아 있으니, 긴장이 풀리며 피로가 쏟아졌다. 뗌뚝과 양고기 커틀릿, 플레인 라이스 3인분을 시켰다. 북인도의 인심인가? 플레인 라이스 1인분이 한국의 3인분에 버금가는 양이었다. 주문한 메뉴가 모두 나왔을 때 식탁 위에는 9인분 잔칫상이 펼쳐졌다. 식사를 마치고 숙소에 오자, 방 안의 물이 그대로였다. 옆에 있는 쓰레받기로 용을 써 보건만, 물은 또다시 슬금슬금 뱀처럼 기어들어 왔다. 순간 복받치는 서러움에 큰 용기를 내어 여주인을 찾아갔다.

"에헴! 도저히 안 되겠으니, 방을 바꿔주시오."

말이 없었다. 잠시 정적이 흐른 후 그녀는 열쇠 하나를 던지며 말했다.

"270루피!"

군더더기 없는 주인의 말에 할 말이 목구멍으로 쏙 들어가 버렸다.

"땡큐!"

직원 아이가 나를 다른 더블룸으로 안내해주었다. 공포에 떠는 나를 위로해 주기 위해 장호가 방으로 찾아왔다. 그리고 우리 둘은 찰거머리 처럼 꼭 껴안고 잤다.

"장호야, 믿을 건 우리뿐이야."

McLeod Ganj

맥그로드 간즈

트리운드 트레킹 Triund Trekking

자연의 어미, 히말라야

일찍 일어나 문을 열자, 날이 활짝 개어 있었다. 그리고 맑은 하늘 아래 어제 보지 못했던 새로운 세상이 눈앞에 펼쳐졌다. 이 게스트하우스는 산 중턱 경사면에 세워져 있어 난간 바로 앞이 천릿길 낭떠러지였다. 산 아래까지 조망이 확 트여 내가 있는 곳이 히말라야 고산 지역임을 증명해 주었다. 옅게 드리운 물안개 너머로 깊은 계곡과 산 아랫마을이 신비로움을 먹은 채 드러나 있었다.

혼비백산에 빠졌던 어제의 혼돈을 빨리 잊기 위해 맥그로드 간즈 시내로 혼자 산책을 나갔다. 동이 트기 시작하는 마을 거리가 찬 공기에 자리를 빼앗긴 채 텅 비어 있었다. 문득 고개를 들자, 건물 사이로 햇살에 눈부시게 빛나는 신비로운 자태의 설산이 보였다. 바로 인드라 하라였다. 에베레스트 베이스캠프 트레킹 이후 9년 만에 이루어진 히말라야와의 재회였다. 언제 보아도 설산은 작은 인간을 품어주는 고향과 같은 느낌을 준다. 자식을 안아 주는 어미와 같다. 설산을 바라보고 있노라면 좁은 내 그릇에 왜 이리도 많은 것들이 수북이 쌓여 있는지를 반추하게 된다. 날 따뜻해지면 다 녹아버릴 것이거늘, 바람 불면 휘 하고 날아갈 것들이거늘, 뒤집으면 다 쏟아질 것들이거늘.

히말라야 북단의 1,800m 고산 지대인 맥그로드 간즈는 티베트 망명정부가 있는 곳이다. 또한 고향을 등지고 떠나온 티베트 난민 6,000여 명이 모여 사는 통곡의 땅이다. 지금으로부터 50여 년 전 인도는 늘어나는 티베트 난민을 위해 히말라야 기슭의 이 땅을 내어 주었다. 마을 한 모퉁이에 그들이 모여 예배를 드리고 달라이 라마의 설법을 듣는 남걀 사원이 자리 잡고 있었고, 게스트하우스와 식당, 그들의 집이 꽤 가파른 벼랑을 따라 촘촘히 세워져 있었다. 마치 서로 엉겨 붙어 떨어지지 않으려고 안간힘을 쓰는 모양새였다. 그들의 애절한 마음을 닮아 집마저 한 덩어리로 응집되어 있었다.

우린 공포의 게스트하우스를 탈출하였다. 그나마 짧은 생, 히말라야 끝자락에서 만두 속 인육으로 최후를 맞고 싶지는 않았기 때문이다. 우리가 다시 잡은 숙소는 햇볕이 잘 드는 3층 집이었다. 건설된 지 얼마 되지 않아 건축자재들이 여기저기 지저분하게 널브러져 있었다. 대부분의 티베트인들은 이곳을 방문하는 관광객을 상대로 숙소와 식당을 경영하며 생계를 유지했다. 이미 숙소에는 우리 셋 이외에 다른 이들도 묵고 있었으니, 바로 히말라야 원숭이들이었다. 그들은 햇볕이 잘 드는 베란다의 명당자리를 잡아 놓고 일광욕을 즐기기도 하고, 창문 앞 나뭇가지 위에서 술래잡기 놀이도 하였다. 그들 곁에서 우리 또한 히말라야 햇살에 얌전히 길들여진 야생 원숭이가 되어 하늘 아래 앉아 있었다.

무거우면 주저앉아도 돼

우리는 무거운 몸을 끌고 어기적어기적 맥그로드 간즈의 상가들이 모여 있는 골목으로 나갔다. 새벽잠 없는 하늘의 제빵사가 신선한 크림을 그 위에 뿌린 듯 파란 하늘 아래 설산이 먹음직스럽게 서 있었다. 셋이서 설산에 넋을 놓고 있을 때, 이곳을 방문한 승려가 우리에게 사진기를 건네며 자기를 찍어 달라고 하였다. 그를 찍어 준 후, 우리 또한 헤어지기 아쉬워하는 그의 옷깃을 붙잡고 행복한 인연을 사진에 담았다. 그

분의 외모는 장호의 이복형 같아 보였다. 장호의 뿌리가 이곳이 아닌지 의혹이 들 정도로 그들은 매우 닮아 있었다. 나와 승려가 찍은 사진을 아내에게 카톡으로 보냈더니, 아내가 대답했다.

"장호는 살이 더 쪘네."

우리가 마지막 일정을 히말라야로 정한 것은 병오 형을 위한 배려가 컸다. 산 그리고 자연과 벗 삼기를 좋아하는 형은 인도를 방문하면 꼭 히말라야에 가고 싶다고 했다. 이곳에서는 네팔의 에베레스트나 안나 푸르나와 같은 장쾌한 트레킹을 할 수는 없지만 미니 트레킹 코스인 트리운드가 있었다. 우린 맥그로드 간즈 끝에 나 있는 오솔길을 따라 설산을 찾아가는 여정에 올랐다. 역시 히말라야 수문장은 원숭이들이었다. 장호가 곁에 다가갔다가 그들이 달려드는 통에 경을 칠 뻔하였다. 겁 많은 장호는 원숭이들에게 쫓겨 줄행랑을 쳤다. 그래도 야생의 거친 원숭이가 도시의 동물원 쇠창살에 갇힌 원숭이보다는 덜 무서웠다.

이럴 때면 니체의 말이 생각난다. 니체는 자기 삶의 주인이 되어야 할 사람들이 주인 된 삶을 버리고, 외부의 권위에 복종하며 나약한 노예 의식을 갖고 살아갈 때 '이 원숭이들아'라고 불렀다. 그렇다면 우리 사회에는 얼마나 많은 원숭이가 있단 말인가? 나 또한 그런 원숭이 아니던가? 그 쇠창살은 또한 얼마나 촘촘하게 우리를 옥죄고 있는가? 우리들은 문명 원숭이들이다.

병오 형은 히말라야 설산을 찾아가는 오솔길 위에서 행복을 만끽했다. 무엇을 해서가 아니라 무엇을 하지 않으니, 그저 내 맘이 이끄는 대로 설렁설렁 길을 가고 있으니 꿈길을 걷는 듯했다. 걷고, 걷고, 또 걸었다. 고개 하나를 넘자 명상으로 유명한 다람콧 마을이 나왔다. 설산 아래 고즈넉하게 숨죽여 있는 마을의 정취가 그리움이었다. 호연지기의 기상이 무엇이겠는가? 세상을 품을 정도로 마음이 텅 비어버리는 것 아니겠는가? 몸에 상처가 나면 약을 먹고 연고를 바르면 낫는다. 하지만 세상의 상처는 생각만큼 쉽게 낫지 않는다. 세상이 잘 경영되지 않으면 새로운 정책과 제도를 도입하고, 교육에 문제가 생기면 또 다른 해결책을 만들어 적용한다. 근데 문제가 더 꼬이고 복잡해진다. 거꾸로 보면 어떨까? 좋았는데, 참 좋았는데, 무엇인가를 뜯어고치려 하고 만들려고 하다가 더 기형적인 몰골로 변해가는 것은 아닐까? 기괴한 모습으로 덕지덕지 붙어 있는 그런 군더더기들을 걷어치우고 본연의 모습으로 돌아가면 문제들이 해결되지 않을까? 욕망의 길은 플러스요, 행복의 길은 마이너스일지도 모른다. 히말라야는 분명히 버리는 길이다. 비우는 길이다.

눈이 녹으며 산허리 길은 질펀한 진흙탕으로 변해 있었다. 신발이 눈과 흙으로

뒤범벅이 되어버렸다. 그래도 기분은 좋았다. 저 멀리 하얀 설산이 우리를 내려 보며, '어여 오라'고 눈꽃을 뿌리고 있었기 때문이다. 힘들게 오르다 조망이 확 터지는 고갯마루에 도착했다. 장쾌한 산세와 새하얀 눈이 어우러져 동화적 환상을 연출하고 있었다. 장호는 어찌나 기분이 좋은지, 윗옷을 벗고 빨간 내복만 입은 채 갖가지 꿈동산 포즈로 사진을 찍었다. 병오 형은 지긋이 설산을 바라보고 있었다. 난 그들을 바라보고 있었다.

이곳을 지나면서부터는 기껏해야 한두 명이 지나다닐 수 있는 협로가 나왔다. 눈이 발목까지 쌓여있었다. 장호는 우리와 뒤떨어져 힘겹게 따라 올라오고 있었다. 꼭 정상까지 올라야 할 필요가 있을까? '힘들면 그만두어도 돼! 억지로 갈 필요 없어.' 우리는 누가 먼저랄 것도 없이 트리운드 정상을 포기하고 내려왔다. 히말라야는 참고 인내하라는 말보다 지쳤으면 쉬라는 말을 들려주었고, 하기 싫으면 하지 않아도 된다고, 네가 뭘 선택하든 괜찮다고, 무거우면 주저앉아도 된다고 너그럽게 말했다. '아니야, 아니야'라는 말에 익숙했던 우리들은 히말라야가 속삭이는 '괜찮아, 괜찮아'라는 말을 따랐다. 히말라야는 '이렇게 서로 마주 보았으면 그것만으로 됐지, 꼭 내 머리 꼭대기에 올라와야 할 필요가 있을까? 아쉬움이 남으면 다음에 오면 되고'라며 우리를 쓰다듬어 주었다. 정상에 가진 못했지만 내려오는 기분은 정상 너머까지 이른 것 같았다. '히말라야의 속삭임을 이젠 나도 세상에 내려가 해 주어야지.' 맘속으로 '토닥토닥, 괜찮아'를 암송하며 내려왔다. 우리는 마지막으로 낮은 언덕에 올라 설산 인드라 하라를 보았다. 하늘, 구름, 설산, 그리고 바람! 바람이 휘~ 불자, 구름이 휴~ 하며 날아갔다. 우리도 빗장을 풀고 대자연의 자유를 만끽하였다.

　이제 돌아간다. 산에서 내려가고, 델리로 내려가고, 집으로 가야 하는 시간이 다가오고 있다. 아직은 뭐가 뭔지 모르겠다. 이곳에서는 하루가 전부였다. 어제에 대한 그리움도, 내일에 대한 설렘도 없었다. 그저 하루하루의 연속이었다. 딱 해가 뜨고 지는, 달이 차올랐다 빠지는, 짧으면 짧고, 길면 한없이 긴 시간. 이 하루가 나의 전부였다. 이제 하루살이는 다시 세상으로 내려간다. 어제와 내일 사이의 틈에 끼어 다시 하루를 살아가겠지?

　한국으로 돌아가서는 이전과 다른 하루를 살았으면 좋겠다. 매일매일 죽었다 살아나는 하루살이가 되자! 나에게 아침은 출생이요, 밤은 죽음이 될 것이다. 눈을 뜨면 나는 다시 살아있는 것이요, 눈을 감으면 죽는 것이다. 이 하루는 나에게 주어진 완성된 하루이다. 그동안 잊고 살았던 나의 하루를 되찾자. 과거는 뒤에 있고, 미래는 앞에 있다. 그리운 이들의 애절한 만남이 이루어지듯 내가 서 있는 이 하루에 현재와 미래가 만나는 예쁘고 단단한 다리를 만들자. 그 다리를 걸으며, 나는 하늘을 향해 물어볼 것이다.

　"그대, 오늘도 태어났는가?"

　"그대, 오늘도 죽었는가?"

왜 하필 인도야

McLeod Ganj

맥그로드 간즈

남걀 사원 Namgyal Gompa | 박수나트 Bhagsunath

엄마의 북소리

이른 새벽, 꼬치처럼 침낭 안에서 뒤척이다가 건물 옥상으로 올라갔다. 옅은 여명이 맥그로드 간즈를 파스텔 톤으로 푸르게, 붉게 채색하고 있었다. 생명이 잉태되는, 새 생명이 알에서 깨어나는 신비의 시간이었다. 거리에는 인적이 없었다. 어디선가 땡그랑땡그랑 풍경 소리 비슷한 맑은 울림이 번졌다. 그 소리는 아이가 뱃속에서 아름다운 세상 밖을 상상하고 기다리며 10개월 동안 듣게 되는 엄마의 심장 소리와 닮아 있었다. 인간의 형체를 갖추어가는 아이에게 일분일초도 멈춘 적 없이 들리는 엄마의 북소리! 생명을 길러내고 탄생을 준비하는 북소리! 아이는 세상에 태어나며 엄마와 분리된다. 아기는 분리 불안에 시달리며 응애응애 울음을 터뜨린다. 엄마는 아이를 끌어안아 가슴에 가져다 댄다. 다시 그 소리가 들린다. 바로 그 소리, 엄마의 북소리 말이다. 그리

알록달록 소원을 달아놓으면 히말라야의 바람에 멀리 날아갔다.

고 아이는 새근새근 잠에 빠져든다. 눈은 감기고 은근하게 입은 열린다. 아이는 엄마의 젖을 물고 생명을 이어간다. 이 새벽 나는 엄마의 심장 소리를 찾고 있었다.

아침 식사도 하지 않고 남걀 사원에 갔다. 사원 입구의 큰 현수막에 티베트 독립을 위해 온갖 고초를 당하고 생명마저 헌신한 투사들의 사진이 붙어 있었다. 티베트 독립의 새벽을 보지 못하고 눈을 감은 그들의 넋이 맘을 무겁게 했다. 사원 내부로는 카메라, 스마트폰, 인화 물질, 칼 등의 물품이 반입 금지되어 장호와 교대로 사원을 구경했다. 오체투지하는 승려와 일반인이 산의 무게로 낮은 땅에 몸을 붙였다.

티베트 승려의 옷이 바람에
나부꼈다. 마음이 나부꼈다.

히말라야 중턱에 위치한 맥그로드 간즈는 걸을 때마다 그 소박한 거리와 풍경에 딱 어울리는 사람들이 있었고, 그들에게서 꾸미지 않는 매력을 느꼈다. 한 티베트 남자가 우리를 보더니, 한국인이냐고 물었다. 우리가 "그렇다"라고 하자, 그는 자신이 알고 있는 모든 한국말을 쏟아내기 시작했다. 그에게 한국말을 잘한다고 칭찬하며 어디에서 배웠느냐고 묻자, 모두 한국 드라마를 보며 배운 것이라고 하였다. 그는 한국 드라마가 엄청 재밌다며, 한국을 한번 방문하고 싶다고 하였다.

한류가 이곳 히말라야 길거리까지 이른 것에 자부심을 느꼈다. 다만 한류의 확산도 좋지만 이젠 한류의 질에 대해, 그 문화적 성숙함에 대해 고민을 할 때가 아닌가 생각했다. 예를 들어, 한국의 노래와 춤이 화려한 외형에만 치중하고 1차원적 욕망만을 자극하는 저급한 수준에 머무르지 않았으면 좋겠다. 인간 삶의 깊은 심연을 직관하고, 삶의 좌절과 절망을 어루만지고 환희로 승화시키는 노래라면 국적과 상관없이 모든 인간에게 심미적 행복을 선사할 것이다. 눈시울이 젖어드는 감동을 통해 마음과 영혼이 정화되는 카타르시스를 느끼고, 삶의 열정과 에너지가 폭발하여 무아지경의 황홀경에 취하는 노래라면 어떨까? 간혹 예술이 상업과 결합하여 예술과 외설의 경계를 넘나드는 춤을 볼 때가 있다. 초등학생부터 고등학생까지 짧은 핫팬츠와 미니스커트를 입고 자신의 행위가 무엇을 상징하고 있는지도 모른 채 안무를 따라 하고 있다. 흠뻑 땀을 흘리며 거친 숨을 내쉬는 춤꾼들의 모습은 그 자체로 얼마나 아름다운가? 이를 선정적이고 자극적인 포장지로 상품화시킨 성인들은 반성해야 할 것이다.

한국인에게는 다른 민족에서 볼 수 없는 '한'이라는 정서가 있지 않은가? '흥'이라는 정서가 있지 않은가? 그 '한'과 '흥'이 한류의 힘이라고 생각한다. 그 힘을 블루오션에 풀어 놓는 것이다. 블루오션(Blue ocean)은 기회이자 창조의 공간이요, 레드오션(Red ocean)은 승패가 나뉘어 눈물을 흘려야 하는 치열한 경쟁의 공간이다. 죽음을 담보로 서로의 차가 마주 달리며 전속력으로 돌진하는 치킨 게임이 이루어지는 곳이다. 먼저 핸들을 돌리는 사람은 겁쟁이(chicken)가 되고 패배자가 되어 자연스럽게 도태된다. 레드오션에서는 경쟁력이라는 명목으로 문화가 지향해야 할 고귀한 가치들이 훼손될 위험성이 도사리고 있다. 인간이 창조한 문화는 인간을 지향해야 하고, 인간을 목적으로 삼아야 할 것이다. 문화의 주체도 인간이요, 객체도 인간이어야 한다. 문화는 인간의 존엄과 품위를 높이는 힘이 되어야 한다. 이젠 우리 한류가 문화적 특수성을 넘어 보편적 인류애를 높이는 촉매제가 되길 바란다. 우리 민족의 문화적 역량에 다시 한 번 박수를 보낸다.

숲 속에 난 두 개의 길

나는 사람이 적게 간 길을 택하였다.

그리고 그것 때문에 모든 것이 달라졌다.

_로버트 프로스트, '가지 않은 길' 중에서

맥그로드 간즈의 이국적인 모습을 오른편에 끼고 산등성이로 나 있는 고즈넉한 길을 따라 걷다 보면, 박수나트 마을에 이른다. 나른한 햇살에 잠깐 일을 멈추고 옆 동네로 마실 나온 주민이 되어 가볍게 마을을 서성였다. 게스트하우스와 노점상이 간헐적으로 있는 마을을 지나 멀리 박수 폭포가 보이는 길로 들어섰다. 모세의 기적처럼 반으로 떡 쪼개져 있는 계곡 끝에 폭포가 있었다.

경험 부재의 시대

박수폭포로 가는 길은 네팔의 남체 바자르에서 에베레스트 베이스캠프로 가는 길과 닮아 있었다. 하프 연주처럼 돌돌돌 흐르는 맑은 물소리와 따사로운 햇살에 장단을 맞추어 발을 한발 한발 떼었다. 박수폭

왜 하필 인도야

포에 도착하니 데이트를 나온 연인들, 아이패드와 최신식 디지털 기기를 들고 사진을 찍는 젊은 승려들이 보였다. 앳돼 보이는 젊은 승려들은 수줍은 모습으로 서로의 사진 모델이 되어 주었다. 먼 곳을 응시하는 자신의 옆모습을 찍으라며 포즈를 취하는 모양에 배시시 웃음이 나왔다. 자색 승복을 입고 있는 스님들은 화면에서 얼굴을 떼지 않았다. 박수폭포를 보러 온 것인지, 아니면 박수폭포에 다녀왔다는 사진을 남기러 온 것인지 헷갈리기까지 했다.

지금 시대를 경험이 부재하는 시대라고 부르곤 한다. 경험이 없다. 여행 목적지에 도착한 이들은 사진 찍기 좋은 곳에서 서둘러 기념사진을 찍은 후 말한다.

"자, 사진 다 찍었으면 내려갑시다."

가만히 앉아 풍광과 합일을 이루고, 바람의 고운 숨결을 느끼고, 내면으로 온전히 이곳을 받아들이고, 이곳에 지금 서 있는 나를 경험하는 느리고 풀어진 여행은 소원한 것일까? 여행에서 찍은 사진은 SNS 등에 업로드하여 가족과 친구에게 그곳을 방문했다는 증거 자료이자, 그리울 때마다 기억의 책장을 넘기게 하는 역할을 할 것이다. 하지만 사진에만 담긴 박제된 풍경은 오감으로 만난 '이곳', '이 시간'을 담는 데 한계가 있다. 여행의 의미야 사람마다 제각각이기 때문에 어떤 가치의 문제는 아니다. 다만 여행을 하며 경험하는 풍부한 감수성은 삶을 질적으로 성숙시키는 좋은 토양이 될 것이다. 작은 말과 몸짓 하나, 자연의 움직임 하나에도 떨리고, 그립고, 흥분되는 풍요로운 감성을 갖고 산다면, 같은 것에서 많은 다른 것을 찾게 되지 않을까?

박수나트에서 맥그로드 간즈로 돌아와 떠날 채비를 하였다. 밤 7시 델리로 향하는 볼보 버스의 우리 좌석은 유리창이 깨져 노란 박스 테이프로 난도질해 놓은 상태였다. 창이 볼썽사납게 금이 간 이유가 무엇이건 간에, 작은 충격에도 와장창 깨질 정도로 위태롭게 매달려 있었다. 어쩌겠나? 가장 현명한 것은 잊고 자는 것 아니겠는가? 억지로 잠을 청했다. 선잠에 빠져 두어 시간에 한 번씩 눈이 떠졌다. 새벽에 눈을 떴을 때, 도로는 앞이 보이지 않을 정도의 자욱한 안개로 덮여 있었다. 그래도 차는 모른 척하고 질주하였다. 이젠 위험천만한 새벽 곡예 운전에 놀라지 않는다. 모로 가나 도로 가나 델리에 가지 않겠는가? 그동안 인도가 우리에게 가르쳐 준 깨달음이다.

여행의 계획된 일정이 모두 끝났다. 이제 날 기다리는 사람의 품으로 돌아가야만 한다. 나는 누구를 기다리고, 누구는 나를 기다린다. 기다림이 있는 삶은 행복하다. 지고지순하다. 류시화 씨의 시 구절이 떠오른다. '너는 나에게 상처를 주지만 나는 너에게 꽃을 준다. 삶이여, 나의 상처는 돌이지만 너의 상처는 꽃이기를. 사랑이여.'

나도 누군가의 꽃이 되고 싶다. 꽃을 선물해 주는 사람, 꽃향기를 전해 주는 사람, 산들산들 흔들리는 꽃으로 설레게 하는 사람이 되고 싶다.

왜 하필 인도야

가난한 사람, 가벼운 사람, 철없는 사람

인도여, 안녕!

도로의 안개 너머로 좌충우돌하며 경험했던 인도가 생생하게 되살아났다. 수도 델리와 사막지대 라자스탄주의 삼색 도시들, 블루 시티 조드푸르, 골든 시티 자이살메르, 화이트 시티 우다이푸르! 샤 자한과 뭄타즈 마할의 사랑이 서려 있는 아그라, 껄떡 도시 카주라호, 갠지스강이 흐르는 힌두의 성지 바라나시, 그리고 히말라야! 이제 난 인도를 사랑하는 사람이 되었다. 인도 사람들을, 인도의 공기와 자연을, 인도의 거리를, 인도의 문화를 애틋하게 사랑하게 되었다. 인도는 참 가난한 나라이다. 외형적으로도 가난하지만 마음도 참 가난한 나라이다. 마음이 가난한 자가 천국에 간다고 했던가? 내가 만난 인도는 가난했다. 그리고 나도 가난해졌다. 몸과 영혼 모두 헐벗고 굶주렸다. 덩그러니 빈 그릇만 남게 되었다. 이제 탁발할 일만 남았구나. 내 있던 곳으로 돌아가면 가족에게, 벗들에게, 학생들에게, 만나는 모든 이에게 탁발의 삶을 살 것이다. 무소유의 걸식을 행할 것이다. 가난한 영혼을 위한 탁발을 하자. 빈 그릇 내밀며 그들이 주는 것, 버리는 것 상관하지 말고 모두를 담자. 두려워하지 말고 빈 그릇을 내밀자. 자존심 집어 던지고 다가가자. 금방 닦아낸 햇살 같은 맑은 미소를 지으며 마주하자.

내 사랑하는 병오 형을 가벼운 사람이라고 타박하는 사람들이 있었다. 병오 형은 정말 깃털처럼 가볍고 가녀린 사람이다. 또한 병오 형은 한없이 무겁고 깊은 사람이다. 항상 낮은 곳에 자신을 내려놓고 사람을 위해 모든 것을 내어놓을 줄 아는 사람이다. 어떤 삶이 진정 가치 있는 삶인지 부단히 반추하는 사람이다. 내가 이 사회에서 해야 할 역할이 무엇인지 찾고, 불의를 바로잡고 의로움을 실천하기 위해 노력하는 사람이다. 나와 다른 사람을 있는 그대로 존중할 줄 아는 너그러운 사람이다. 그런데 싱거운 말에도 웃어줄 줄 모르고, 굳게 팔짱 낀 팔을 벌리지도 않는 사람이, 말과 가슴의 빗장을 닫아놓은 사람이, 내 작은 것 하나 남을 위해 희생할 줄 모르는 사람이 병오 형에게 말한다.

"너무 가벼운 거 아니야?"

그들에게 무겁다는 의미는 침묵일까? 무표정일까? 경직됨일까? 불통일까? 꼿꼿함일까? 자아도취일까? 복지부동일까? 그렇다면 난 슬프게 말할 것이다.

"당신은 너무 무거운 사람이야."

인도에서 난 가벼움을 꿈꾸었다. 까꿍 한마디면 까르르 웃어대는 아이처럼, 구름 한 움큼에도 눈물샘이 터지는 소녀처럼, 실없이 웃고 우는 광인처럼 나는 가벼워질 것이다. 내 귓등 뒤에서 '애비' 하며 애교 넘치는 장난을 친다면, 난 세상이 뒤집어질 듯 웃어젖힐 것이다. 먹구름 덮인 하늘이 울먹이기 시작하면 그 자리에 주저앉아 엉엉 울 것이다. 서로 할 말을 잃어 멀뚱멀뚱 술잔만 기울이는 술자리라면 바보처럼 수다를 떨고 썰렁한 농담을 멈추지 않을 것이다. 이런 나에게 "넌 참 가벼운 사람이다"라고 불러주어도 "그래, 나 참 가볍지? 그래서 날아갈 것 같아"라고 속없는 인간처럼 실실 웃으며 답할 것이다. 얼굴에 정직한 희로애락을 묻히며 살 것이다.

언젠가 학교 신문에 쓸 인터뷰를 하는데, 학생 기자가 나에게 물었다.

"선생님은 이제 어떻게 살고 싶은지 말씀해주세요."

"음, 철이 들지 않았으면 좋겠다."

"왜요?"

"철이 든다는 것은 어떻게 사는 것이 정답인지 알았다는 거잖아. 그리고 사람들에게 '에그, 철 좀 들어라' 평가하는 사람이 되는 거잖아. 철이 들면 세상살이를 분별하는 고정된 기준이 생기는 거잖아. 그게 삶이라고 쉽게 말하게 되는 거잖아. 쌤은 지금처럼 철들기 싫다. 아직 어리거든."

어딘가 멀리 내가 떠날 때 어떤 이는 나에게 무책임한 사람이라면서 철 좀 들라고 했다. 너그럽게 이해하고 삶의 진짜 소중한 것을 찾자고 하니, 현실을 모른다며 철 좀 들라고 했다. 비겁하고 수치스러운 나를 참을 수 없어 정부 정책에 반기를 들었더니, 그런다고 세상이 변할 줄 아냐며 철 좀 들라고 했다. 좋은 자리를 준다는데 안 받겠다고 하니, 늙어서 후회한다며 제발 철 좀 들라고 했다.

솔직히 세상이 그런 곳이라고 얘기하지만 그런 세상은 없다. 당신이 바라보는 세상은 바로 당신이다. 철이 든다는 것은 당신이 곧 세상이 되고, 세상이 곧 당신이 된다는 것이다. 그러면서 당신의 세상을 우리의 세상이라며 때론 우아하게, 때론 교양 있게, 때론 현자처럼 얘기한다. 나에게 철이 든다는 건 두렵고 위험한 것이다. 철없이 철없는 생각을 하며 사는 것도 괜찮지 않을까? 철이 든다는 것의 의미보다 철들어야 한다는 당위가 지배하는 대화에서 나는 별로 할 말이 없었다.

　가난하고 가벼워진, 여전히 철없는 나는 이제 돌아간다. 가난하면 비
워지겠고, 가벼워지면 자유롭게 삶을 부유하겠지? 버릴 것 하나 없는
하루가 되겠지? 매 순간 떨리는 삶을 살겠지? 철없는 삶의 개구쟁이가
되겠지? 가슴이 벅차오르는 웃음과 눈물로 삶을 사랑하겠지? 시도 때
도 없이 웃고, 시도 때도 없이 울고, 시도 때도 없이 유쾌하고, 시도 때
도 없이 가슴 아파해야지. 그 안에서 살아야지. 욕심쟁이처럼 인간이란
모든 것 다 부둥켜안고 살아야지.

> 아름다운 사람
> 눈을 둘 곳이 없다
> 바라볼 수도 없고
> 그렇다고 아니 바라볼 수도 없고
> 그저 눈이
> 부시기만 한 사람
>
> 　　　　　　　　　_나태주, '아름다운 사람'

왜 하필 인도야

인도여, 안녕

우린 무사히 델리로 돌아왔다. 그 다음 날은 인도의 공휴일이었다. 공휴일에는 모든 상점이 문을 닫았다. 길을 헤매고 배회했다. 원숭이가 병오 형의 가방을 뺏어갔다. 다시 돌려받았다. 길거리에서 인도에서 산지 7일 된 신발을 수선받았다. 그렇게 하고 싶었던 헤나(문신)를 했다. 바가지를 씌운 젊은이와 길거리에서 언쟁이 있었다. 내 팔에 손수 헤나 작업을 한 그의 엄마는 곁에서 웃을 뿐이었다.

가족과 지인에게 줄 선물을 샀다. 모두 히말라야 화장품이었다. 이 선물을 받을 사람들의 행복한 웃음을 상상했다. 택시를 대절해 공항에 갔다. 탑승구로 들어가는데, 휴대물품에 붙이는 태그가 없다며 들여보내지 않았다. 구걸을 했다. "제발 도와주세요." 다른 항공사 직원이 우리를 불쌍히 여겨 태그 3장을 주었다. 그녀 덕분에 비행기를 탈 수 있었다.

나는 이제 비행기에 탔으니, 인천공항에 도착했으니, 안심해도 된다고 했다. 그런 나에게 장호가 말했다. "형, 입방정 좀 떨지 마! 집에 도착하기 전까지 긴장을 멈춰선 안 된다고." 그래, 장호야. 입방정 떨지 않을게. 우리의 여행은 이것으로 끝났다. 인철이는 행복했다. 병오 형과 장호도 행복했다. 우린 함께 있어 행복했다. 이렇게 건강하게 돌아와 행복했다. 우리를 기다리는 이가 있어 행복했다.

어둠 그리고 눈물

철길에 불 밝힌 기차가 지나가면 꼬마는 쪽다리에 앉아 기약 없이 건너편에 나타날 아빠와 엄마를 기다렸습니다. 어두컴컴하고 차가운 방도 무서웠고, 좁은 방에 홀로 외로움을 견뎌야 하는 시간도 두려웠습니다. 가로등 하나 없는 쪽다리에 나온 꼬마는 아무리 어두울지라도 다리를 건너오는 제 아빠, 엄마의 형체를 쉽게 찾을 수 있었습니다. 그 기다림의 긴 어둠 안에서 꼬마는 빛을 찾아 헤맸고, 우주 끝까지 상상의 지평이 뻗어 나갔습니다.

중학생이 된 아이는 밤마다 이불을 뒤집어쓴 채 일기를 썼습니다. 왜일까 원망과 분노의 글이 가득 채워졌고, 그사이 떨어지는 아이의 눈물에 일기장의 글씨가 번져나갔습니다. 밤은 길었고 눈물은 희망이 없는 듯 볼을 타고 베개보에 스며들었습니다. 그 눈물 안에서 아이의 또 다른 세계가 그려지고 있었습니다.

나에게 어둠과 눈물은 결핍이자 아픔이었지만, 한편으론 사람, 삶, 운명, 죽음, 시간, 고통 등 회피하려 하지만 인간이 맞닥뜨릴 수밖에 없는 질문으로 향하는 통로이자, 새로운 세계가 싹트는 씨앗이 되었습니다. 그리고 그 시간, 그곳이 지금의 나에게 빛이 되라고 떠밀었고, 낮은 곳에 임하는 겸손의 삶을 살라고 가르쳐 주었습니다.

누구보다 그 어둠과 눈물의 의미를 아는 분, 바로 어머니입니다. 지금 아픈 몸이 또 아파 인공호흡기를 끼고 어느 세상 한 곳에서 연명의 삶을 살아가고 있는 어머니께 아무 말도 못 하는 아들은 오늘도 마른 눈물을 흘립니다. 그분의 평생소원은 고통 없이 하늘나라에 가는 것, 하나밖에 없는 아들에게 짐이 되지 않는 것이었습니다. 그런데 하나님의 뜻은 그렇지 않나 봅니다. 고통의 시간이 깊어지며 어머니는 그 시간을 앞당기려 했습니다. 그리고 의식을 잃은 어머니 발아래 인공호흡기를 끼고 말 못하는 그분께서 적어놓은 글이 보였습니다.

"사랑하는 아들! 정말 미안하다. 못난 엄마 만나서 너만 고생시켜 정말 미안하다."

그날 나는 처음으로 어머니의 손을 잡고 울었습니다. 주체할 수 없이 눈물을 흘리며, "당신은 못난 엄마 아니에요. 그 누구보다 열심히 사셨어요. 훌륭한 삶이었어요"라고 아기처럼 흐느꼈습니다. 의식이 깨어난 지금, 이제 내가 어머니께 해줄 수 있는 말은 "당신이 믿는 하나님께서 이런 시련을 준 것도 이유가 있을 것입니다. 의심하지 말고, 어기지 말고, 그분이 부르는 날 기쁘게 하늘나라에 가시면 돼요" 뿐입니다. 그 말밖에 못 해주는 못난 아들이 어머니께 이 책을 바칩니다.

어둠은 빛이, 눈물은 기쁨이 얼마나 값진 것임을 알게 해주었습니다. 어머니, 감사합니다! 죄송합니다!

가슴 따뜻한 사람과의 행복한 여행을 추억하며

옹골찬 박병오

　내가 만난 수많은 사람들, 다 나에게 온 이유가 있고, 다 내 곁에 머문 이유가 있으렷다. 인철이를 만날 때마다 생각했다. 윤인철, 이 친구는 왜 나에게 왔을까? 또 왜 내 곁에 머물고 있는 것일까?

　인철이가 히말라야 트레킹을 다녀왔다. 철학적 인식을 중간중간 풀어내며 히말라야 기행기 『히말라야 하늘 위의 물음표』를 냈다. 인철이는 천성이 부지런하다는 것과 거리가 좀 멀다. 그러나 최소한 자전거 라이딩할 때와 책을 낼 때는 그 누구보다도 바지런하다. 벌여 놓은 일도 참 많고, 만날 사람도 부지기수인데도 벌써 학습서를 포함해 여러 권의 책을 내고 있으니 말이다.

　인철이는 나랑 닮은 데가 참 많다. 인생관과 세계관, 그리고 가치의 중점과 지향도 닮았다. 심지어 기호와 식성도 참 많이 닮았다. 이 세상 사람들 중에 나와 가장 닮은 사람 하나를 고르라면 단연 인철이다. 그래선지 나는 이 친구가 참 좋다. 나에게 인철이는 언제든 술 한 잔 나누고 싶은 사람이다. 몇 년 후배지만 친구 하기에 더없이 마음에 드는 사람이다. 어쩌면 내게 과분한 정도로 말이다.

　나는 사람을 두 유형으로 나눈다. 가슴이 따뜻한 사람과 그렇지 않은 사람으로. 사람들을 가슴이 따뜻한 정도를 기준으로 줄을 세운다면 인철이는 따뜻한 쪽 맨 가장자리에 세워도 넉넉한 사람이다. 사람이 소중한 줄 알고 '사람이 먼저다'라는 말을 구호로만 외치지 않는 사람이다. 슬퍼하는 사람과 함께 울어줄 줄 알고, 우는 사람의 눈물을 닦아주기 위해 떨쳐 일어날 사람이다. 그러므로 그가 하는 일은 다 옳고, 다 아름답다. 그런 인철이가 히말라야를 다녀온 뒤 인도 여행을 꿈꿨다. 그리고 동반자를 찾길래, 함께 가자 했다. 내 딴에는 25년간 메고 있던 교사의 멍에를 벗고 좀 자유롭게 살고자 명예퇴직을 신청해 놓았으니, 퇴직 기념 여행인 셈이었다.

그런데 그렇게 좋아하는 인철이와의 여행이 내내 행복하지는 않았다. 출발할 때의 설렘과 흥분이 채 가시기도 전에 불만과 불편함이 스멀거렸으니 말이다. 내가 덜 성숙했던 까닭인지, 아니면 정말로 여행의 목적과 지향이 다른지, 그건 아직도 잘 모르겠다. 아무튼 닮은 정도와 친밀 정도가 여행을 함께하는 것과는 다른 문제인 것은 분명하다. 그러나 누군가와 함께해야 하는 여행이라면 여전히 인철이 말고는 생각해 본 적이 없다. 그리고 이젠 불편함 대신 다른 것으로 채울 수 있고, 그래서 좀 다른 여행을 꿈꿀 수도 있겠다는 확신도 든다.

행복, 인도 여행을 마친 뒤 인도 하면 먼저 떠오르는 말이다. 지저분한 거리, 이질적인 냄새들, 오토 릭샤와 경적 소리, 탈리와 커리, 소와 힌두교, 고승과 요가 등 인도하면 연상되는 키워드가 많지만, 그 모든 것을 덮고, 포용하고, 그리고 설명할 수 있는 것이 행복이란 말이 아닐까 한다. 우리로서는 이해할 수 없을 정도의 지저분한 거리와 아무리 맡아도 익숙해지지 않는 불편한 냄새, 그리고 혼을 쏙 빼놓는 오토 릭샤의 질주와 경적 소리 속에 풍족하지 않은 먹거리로 살아가는 인도 사람들은 참 행복했다. 나의 주관이 아닌 누가 봐도 그들은 정말로 행복하게 살고 있었다.

폭격 맞은 듯한, 그러나 여전히 아무렇지 않은 듯 주민들이 살고 있는 델리의 줄지어 선 상가 건물들, 살이 타는 고혹적인 냄새 속에 삶과 죽음이 혼재되어 있는 바라나시 갠지즈 강변의 가트, 그러거나 말거나 시신을 불사르는 가트와 인접한 시장에서 먹었던 라시, 사랑꾼 샤 자한의 아내 뭄타즈 마할의 무덤인 아그라의 타지마할, 차마 두 눈 다 뜨고는 볼 수 없는 카주라호의 미투나상, 거기에 우리를 전혀 부러워하지 않는, 그들만의 행복한 삶의 리그 속에서 내민 그네들의 얼굴, 얼굴들…. 이런 것들이 시간이 꽤 지났어도 나에게 여전히 선명하게, 그리고 행복하게 남아 있는 인도의 모습이다.

인도는 가기 전에는 망설여지고, 가서는 불편하고, 갔다 와서는 또 가고 싶은 곳이다. 분명히 비위가 약한 내가 기꺼이 소화하기에는 좀 벅찬 기억이 있지만, 임산부의 망각이랄까, 기회가 되면 또 젊어지고 떠나고 싶다. 그러나 이번에는 맞선 보듯 낯선 만남이 아니라 '유붕(有朋)이 자원방래(自遠方來)' 하듯 다니러 가고 싶다. 함께 가는 이가 인철이라면 '불역락호(不亦樂乎)' 하지 않겠는가?

글머리의 의문에 대한 답을 생각했다. … 행복이다. 인철이가 내게 와서 난 행복하고, 어느 순간에 나는 또 다른 사람들에게 행복을 전하는 행복 전도사가 되어 있었다. 그것이 또 내가 다른 사람 곁에 머무는 이유이기도 하다.

왜 하필 인도야

"왜 하필 인도냐고?" … "하여튼 인도라니까!"

벌거숭이 박장호

'왜 하필 인도야'라는 제목을 받아 들었을 때, 제목과 같은 맥락에서 이런 생각이 떠올랐다.

'책 제목이 왜 하필『왜 하필 인도야』일까?'

내용이 그렇지 않음을 알지만 무언가 부정적인 어감으로 책을 시작하는 것 같아 꺼림칙했다. 아무튼 책 제목을 곱씹으며 우리가 함께했던 인도를 떠올렸다. 사실 필자에게 인도로의 배낭여행을 제안받았을 때 나 역시 제목처럼 '왜 하필 인도야?'라는 생각을 했다. 당시 나의 상황은 여러 이유를 들어서라도 한 달여의 배낭여행을 온몸으로 거부하고 싶었는데, 하필 여행지도 배낭여행의 종착지라 불리는 '인도'라니 기가 막힐 노릇이었다. 각종 국내외 여행을 두루 섭렵한 필자와 달리 여행 경력이 미천한 나에게 배낭여행은 막막하기만 했고, 특히 '인도'라는 여행지는 막연한 동경을 넘어서는 두려움이 더 컸다. 그렇게 인도와 조우(遭遇)했다. 정말 말 그대로 필자 덕분에(?) '우연히 인도를 만나게 되었다'는 표현이 적절할 것이다.

그때 나의 선택은 '인도'가 아니라 내 인생의 동행자로 삼은 삶의 스승이자 형제이고 친구인 필자와의 여행이었기 때문이다. 필자와의 여행이라면 '하필(何必)'을 붙일 수 있는 여타의 이유를 접어두고 무작정 떠나보고 싶었던 것이다.

천천히 다시 제목을 곱씹어 본다. '하필(何必) 인도'라는 말엔 다른 좋은 곳도 많이 있는데 어찌하여 꼭 인도라는 가난하고 더럽고 위험한 나라를 가려고 하느냐는 부정적인 시각이 강하게 들어있다. 앞서 고백했듯이 나 역시 그랬다. 그런데 그랬던 내가 이제는 '하필 인도'라는 말이 거슬리니 '인도'는 내게 참 깊은 감동을 주었던 곳인 것 같다. 어쩌면 편견과 두려움이 컸기에 그만큼 감동도 컸던 것이 아닐까 싶다. 인도는 내게 무언가를 얻기 위해 떠났는데, 무언가를 잔뜩 버리고 온 곳이었다. 무언가 새로운 것을 보고 느끼기 위해 떠났는데, 정작 나 자신만 실컷 바라보다 돌아온 곳이었다. 어떻게 살아야 할지 정답을 찾기 위해 떠났는데, 어떻게 살아야 할까 질문만 잔뜩 짊어지고 온 곳이었다.

여행을 마치고 돌아와서 필자와 나는 서로에게 자주 묻곤 한다. "우리 또 가야지?" 그리고 누구도 망설임 없이 답한다. "가야지. 다음엔 애들 데리고 가자." 왜 또 가고 싶은지, 왜 아이들을 데리고 가고 싶은지 그 이유는 없었다. 어차피 여러 이유를 말해 보아도 그 이유가 설명될 수 없는 것임을 알기에 그저 웃을 뿐이다.

어쩌면 삶에 대한 우리들의 태도도 그렇지 않을까? 나의 기준으로 이것과 저것을 비교하며 더 좋은 것이 무엇일까 고민하고, 내가 좋다고 생

왜 하필 인도야

각하는 것들 외에는 모두 '하필(何必)'이라는 단어를 붙여 금기시하고 있지는 않을까? 정작 그곳에 내가 생각하지 못한 더 나은 무엇인가가 있을 수도 있는데…. 결과가 어떻게 될지 모르지만 '하여튼' 걸어 보는 것이다. 사람이 있는 어느 곳이든 어찌 배움이 없겠는가? 인도 역시 '일체유심조(一切唯心造)'일 뿐이다. 내가 요즘 좋아하는 〈주저하는 연인들을 위해〉라는 노래 중 '추억할 그 밤 위에 갈피를 꽂고서 남몰래 펼쳐 보아요'라는 가사를 빌려 표현하고 싶다. 인도에서의 시간은 잊기 싫어 갈피를 꽂고서 언제든 남몰래 펼쳐 보고 싶은 깊은 그리움이 되었다.

"왜 하필 인도냐고?"
"하여튼 인도라니까!"

삶은 생방송이 아니던가.
더 이상 미룰 수 없는 당신의 멋진 삶을 위하여 하여튼 인도!